9条改憲

「48の論点」

清水雅彦
日本体育大学教授・憲法学

高文研

はじめに

　今年(2019年)7月21日投開票の参議院選挙。与党の自民党と公明党が過半数を確保したものの、前回2016年参議院選挙より両党は得票数を減らし、自民党は単独過半数を割り、改憲勢力は3分の2以上を確保できませんでした。一方の立憲野党は、32ある1人区で前回並の10議席を確保し、29の選挙区では野党統一候補の票が比例4党(立憲民主党、国民民主党、日本共産党、社会民主党)の票を上回り、立憲民主党と国民民主党は前回民進党並の得票があり、新しい政党であるれいわ新選組が2議席を確保しました。この結果について、安倍晋三政権を批判する側から、有権者が改憲を望まなかった結果であり、立憲野党が一定の踏ん張りを見せたと評価する声が聞こえます。

　しかし、参議院選挙は衆議院選挙と違って、選挙後に内閣総理大臣を指名するわけではない(政権選択の選挙ではない)とはいえ、参議院選挙の結果次第では、現政権が退陣に追い込まれることがありました。1989年の参議院選挙では社会党が改選第1党になり宇野宗佑首相は辞任しましたし、1998年の参議院選挙では自民党が改選第1党ながら単独過半数を取れずに橋本龍太郎首相は辞任しました。2007年の安倍首相の辞任は「体調不良」を理由にしましたが、退陣前の参議院選挙で民主党が改選第1党になっただけでなく、参議院全体で第1党になったことの影響も大きかったと思われます。

　このように、参議院選挙の結果次第では首相の退陣があることを考えれば、2019年参議院選挙は立憲野党側の勝利とはいえません。自公両党は半年以上も前から全選挙区の候補者を決め準備をしてきたのに、立憲野党は全ての1人区で候補者を1本化したのは6月に入ってからです。参議院選挙は衆議院選挙と違って、あらかじめ選挙時期はわかるし、今回の立憲野党候補者は新人が多いというのに。また、前回参議院選挙では、関西を中心に複数区で立憲野党が共倒れしたのに、今回も立憲野党はほとんどの複数区で候補者調整をしませんでした。その結果、いくつかの選挙区で改憲勢力に議席を取られています。

このような状況から、①まだしばらく安倍政権が続くこと、②今後の政権交代に向けての課題を考えていく必要があります。

　まず、①についてですが、選挙結果や昨今の世論調査からすれば、国民は改憲が優先課題とは考えていませんが、安倍首相は選挙結果を受けて、あらためて改憲に意欲を示しました。首相本人は改憲をしたいし、改憲を言い続けないと保守層の支持を得られないからでしょう。2012年に第2次安倍政権が誕生してから、安倍政権は2013年に秘密保護法を制定し、2014年に集団的自衛権行使容認の閣議決定を行い、2015年に戦争法を制定しました。そして、2017年には安倍首相が憲法に自衛隊の存在を明記する「9条加憲論」を提案し、2018年に自民党は「9条加憲」の条文案を作成します。この「9条加憲論」について、あらためてそもそも憲法とは何かや9条をどのように解釈してきたのかということから始まり、「9条加憲論」はどのように考えたらいいのか、「9条加憲案」はどのように解釈できるのかなどをしっかりと見ていく必要があります。

　また、②については、日本国憲法の平和主義はこのような改憲案に対する対抗論になるのか、立憲野党と市民の課題は何かを考えていく必要があります。

　以上のような①と②の課題に応えるため、本書では憲法の初学者である方にも理解できるよう、なるべくやさしく書いてみました。さらに本書では、通常の文章形式ではなく、48のＱ＆Ａ方式にしています。全体を4部構成にし、第1章で憲法と平和主義に関するイロハを確認した上で、第2章と第3章で戦争法と9条等改憲論の問題点を考え、第4章で対抗論を提示していますので、最初から順番に一つひとつ積み上げるように読んでいただきたいと思いつつ、どのＱ＆Ａについてからでもご関心のあるところから読んでいただいても理解できるようにまとめてみました（そのため、重複する記述が多少あります）。理解を助けるために、キーワードや大事な概念は色付きのゴシック体にし、必要に応じてイラスト・写真・注・コラムも付けています。さあ、一緒に考えていきましょう。

はじめに ……………………………………………………………………2

第1章　憲法と平和主義に関する基礎知識

Q01 憲法とは何ですか？ ……………………………………………12
A.暴走する危険性のある国家を縛る法のことです

Q02 立憲主義とは何ですか？ …………………………………………14
A.憲法に従って国家の運用を行う考え方のことです

Q03 憲法は平和主義についてどのように規定しているのですか？ 16
A.前文で基本原則を示し、9条で平和に向けての目的と手段を示しています

Q04 自衛権とは何ですか？ ……………………………………………18
A.侵害を排除する国家の権利で、個別的自衛権と集団的自衛権とがあります

Q05 憲法学界では憲法9条をどのように解釈してきたのですか？ 20
A.1項と2項でそれぞれ2種類の解釈があります

Q06 平和的生存権とは何ですか？ ……………………………………22
A.憲法前文などから保障される権利ですが、
　捉え方については諸説あります

Q07 政府は憲法9条をどのように解釈してきたのですか？ …………24
A.「戦力」の保持を認めていませんが、「実力」の保持は認めています

Q08 政府は集団的自衛権をどのように解釈してきたのですか？ 26
A.日本は保持していても行使できないと明確に解釈してきました

Q09 憲法9条の下で、日本の平和の現実はどうだったのですか？ 28
A.憲法9条の下での制約もありましたが、形骸化の道を歩んできました

第2章　戦争法の問題点とは何か

Q10 なぜ安倍政権は「解釈改憲」（＝集団的自衛権の行使容認）を行ったのですか？ …… 32
A. 憲法改正は困難と判断したためです

Q11 第1次安倍政権の安保法制懇報告書（2008年）の4類型とは何ですか？ …… 34
A. 限定的な集団的自衛権行使・PKOでの駆けつけ警護・多国籍軍支援です

Q12 第2次安倍政権の安保法制懇報告書（2014年）の6類型とは何ですか？ …… 36
A. 集団的自衛権についての新提案だけでなく、グレーゾーンの事態の提案もあります

Q13 安倍首相のいう「積極的平和主義」とは何ですか？ …… 38
A. 戦争に肯定的な「積極的戦争主義」ともいえるものです

Q14 集団的自衛権行使を容認した閣議決定（2014年7月1日）はどのような内容なのですか？ …… 40
A.「武力行使の新3要件」を内容としています

Q15 集団的自衛権行使を容認した閣議決定（2014年7月1日）には手続的にどのような問題があるのですか？ …… 42
A. 憲法改正の限界に関わる基本原理の変更を憲法改正ではなく、解釈改憲したことです

Q16 集団的自衛権自体にはどのような問題がありますか？ …… 44
A. 主に大国が小国に侵攻・侵略する時に悪用されてきました

Q17 2015年のガイドライン再改定はどのような内容なのですか？ 46
A. 自衛隊が平時からグローバル有事まで米軍に兵站（活動）を行うという内容です

Q18 2015年ガイドライン再改定にはどのような問題があるのですか? 48
　A.憲法に抵触しているのはもちろんのこと、
　　日米安保条約にも抵触しています

Q19 戦争法はどのような法律なのですか? 50
　A.2014年閣議決定を具体化する11本の法律です

Q20 グレーゾーンの事態に自衛隊を出すことの問題は何ですか? 52
　A.一気に軍事衝突に発展する危険性があります

Q21 PKO法の改正にはどのような問題があるのですか? 54
　A.憲法のみならず、PKOの枠を越える点で問題があります

Q22 米軍等の武器等の防護にはどのような問題があるのですか? 56
　A.平時から集団的自衛権を行使するという問題があります

Q23 国家安全保障会議とはどのような組織ですか? 58
　A.内閣の中にいわば小さな内閣を作って緊急事態に対処する組織です

Q24 秘密保護法とはどのような法律なのですか? 60
　A.防衛・外交・警察情報を行政機関が一方的に秘密指定してしまう
　　法律です

Q25 秘密保護法と戦争法が結びつくとどうなるのですか? 62
　A.国会にも国民にも情報を知らせないで戦争に突入する危険性があります

Q26 戦争法は憲法との関係でどのような問題があるのですか? 64
　A.手続面でも内容面でも憲法上多岐にわたる問題があります

Q27 朝鮮と中国の脅威を考えると戦争法が必要なのではないですか? 66
　A.過剰な朝鮮・中国脅威論は「バカ派」の議論であり、戦争法もいりません

第3章　9条等改憲の問題点とは何か

Q28 憲法96条改正先行論には他にどのような問題がありますか? 70
　A. 自民党も安倍首相も都合のいい議論しかしていません

Q29 憲法改正手続法にはどのような問題がありますか? …………72
　A. 勧誘広告規制が不十分な一方、公務員・教員の運動規制があります

Q30 安倍首相の「9条加憲論」とは何でしょうか? ……………………74
　A. 9条の1項と2項は残して自衛隊の存在を明記する条文を追加するものです

**Q31 今回の「9条加憲論」は戦後の改憲論の中で
　　　どのように位置づけることができるのでしょうか?** ………………76
　A. 手強い改憲論ですが、改憲論としては
　　　平和運動により後退させられています

Q32 自民党の「9条加憲」条文案はどのように解釈できますか? 78
　A. 自衛隊が首相の判断一つで
　　　海外で集団的自衛権を行使できるようになります

Q33 「9条加憲論」にはどのような問題があるのですか? …………80
　A. 自衛隊の活動に歯止めがなくなります

**Q34 自治体が自衛官募集の協力をしないから
　　　9条改憲が必要なのですか?** ……………………………………………82
　A. 現在の「協力」自体に問題がありますし、
　　　募集の困難さは自衛隊にも原因があります

Q35 その他改憲3項目案にはどのような問題があるのですか? 84
　A. 教育の無償化にも合区解消にも改憲は不要ですし、
　　　自民党案は危険です

Q36 12年自民党改憲案とは何ですか?……………………86
A. 2005年自民党改憲案と違って復古色が前面に出た改憲案です

Q37 12年自民党改憲案は平和主義をどのように変えようとしているのですか?……………………88
A. 全面的な集団的自衛権を行使できる国防軍を設置するなど大幅に変えています

Q38 12年自民党改憲案は国家と国民との関係をどのように変えようとしているのですか?……………………90
A. 国家の論理で人権の制約を可能とし、国民の義務を大幅に増やしています

Q39 12年自民党改憲案の「地方自治」規定にはどのような問題がありますか?……………………92
A. 自治体に国の防衛・外交政策などを従わせることになります

Q40 12年自民党改憲案の緊急事態条項にはどのような問題がありますか?……………………94
A. この改憲だけでもナチスの再来をもたらしかねない危険な内容です

Q41 4項目改憲案の緊急事態条項にはどのような問題がありますか? 96
A. 有事に適用可能で、政令政治をもたらす危険性があります

Q42 そもそも改憲をどう考えたらいいのですか?……………………98
A. 憲法によって縛られる国家権力の側から出てくる改憲論は要注意です

第4章　改憲論にどう対抗すべきか

Q43 「立憲的改憲論」は対抗論になるのでしょうか？ ……102
A. 9条改憲派の土俵に乗ってしまう議論です

Q44 「平和主義者・天皇」に期待すべきなのでしょうか？ ……104
A. 天皇という権威にすがるのではなく、
私たちの主体性が求められています

Q45 日本国憲法の平和主義は世界でどのように位置づけられるのですか？ ……106
A. 戦争違法化の最先端を行く憲法といえます

Q46 日本国憲法をどのように考えたらいいのですか？ ……108
A. 不十分な点はありますが、先進的な憲法として
まずは理念の実現が先です

Q47 立憲野党は自民党政権の対抗勢力になれるのでしょうか？ 110
A. 労組と市民の共闘を土台に結集すれば十分対抗できます

Q48 今後、市民はどうすればいいのでしょうか？ ……112
A. 「労組と市民と野党の共闘」に参加していくことです

あとがき ……114

装幀・本文組版・イラスト＝中村くみ子

第1章

憲法と平和主義に関する基礎知識

第 1 章　憲法と平和主義に関する基礎知識

Q01 憲法とは何ですか？

A. 暴走する危険性のある国家を縛る法のことです

　そもそも、憲法とは何でしょうか？　憲法といえば、「**人権規定**がメイン」と思われている方は、是非、最後までお読みください。憲法の大部分は**統治規定**から構成されるからです。

　まず、憲法が登場するのはいつのことでしょうか？　歴史的には18世紀を中心とする欧米の市民革命期です。フランスが典型ですが、国王が支配するそれまでの封建制を、新興ブルジョアジー（資本家の卵のような存在）が打ち倒していきます。ブルジョアジーのことを日本語で「市民」と訳すので、この革命を「市民革命」というのですが、ここでいう「市民」は、「横浜市民」や「市民運動」で使う「市民」とは意味が異なります。

　封建制社会ではブルジョアジーが一生懸命稼いでも、国王たちがたっぷりと税金を課してくる。封建制とは人を生まれによって差別する社会ですが、私たちは親を選んで生まれることができないのに、親が国王なら無能でも子どもは後を継げる一方、親が農民ならどんなに有能でも子どもは一生農民になってしまう。なぜ無能でも国王の子どもたちは豊かな生活を送ることができるのに、親の違いによって自分たちの財産が一方的に奪われてしまうのか、さらに、本来、何を考えてもいいのではないか、どんな宗教を信じてもいいのではないか、何をいってもいいのではないか、などの思いが爆発するのです。

　そして、革命が成功します。これまで悪だった国家権力を倒しますが、いざ国家権力を倒して考えてみると、悩ましいことに、国家をなくしていいのかという疑問が出てきます。国家がなければ、無秩序な社会になってしまうからです。そこで、国家を残しながら、**常に暴走する危険性のある国家を縛るために憲法を作る**のです。市民革命前は力の強い封建領主が農奴をむき出しの暴力で支配します

（これを「人の支配」といいます）が、市民革命後は憲法で支配を正当化していくのです（これを「法の支配」といいます）。

この憲法は、英語ではconstitutionという単語を当てています。constitutionは「組織」「構成」を意味する単語ですが、憲法は国家の組織・構成を規定した法なので、constitutionにこの意味も込めるのです。そのため、第1章の「天皇」、第2章の「戦争の放棄」、第4章の「国会」、第5章の「内閣」、第6章の「司法」、第7章の「財政」、第8章の「地方自治」など、日本国憲法も圧倒的に統治規定が多いのです。人権規定は第3章の「国民の権利及び義務」だけです。アメリカ合衆国憲法は、最初、統治規定しかありませんでした。人権規定は後から「修正条項」という形で追加されていったのです。

このように、アメリカの独立やフランス革命など主に18世紀以降の近代市民革命後に登場した憲法を「近代憲法」といいます。近代憲法は、封建制社会では国家権力が庶民に干渉して自由を奪っていたので、人身の自由・経済的自由・精神的自由*といった「国家からの自由」を求める自由権を保障しました。また、この自由権を保障する国家を「自由国家」「消極国家」「夜警国家」*といいます。

しかし、国家が資本家と労働者との関係にも干渉しないで、資本主義が発展していくと、両者の間で格差が広がっていきました。このような中、20世紀以降のロシアやヨーロッパにおける労働運動・社会主義運動を受けて、国家が何か働きかけることによって国民に生存権・教育を受ける権利・労働基本権といった「国家による自由」を求める社会権を保障するようになります。この社会権を保障する国家を「社会国家」「積極国家」「福祉国家」といい、このような憲法を「現代憲法」といいます。

***人身の自由・経済的自由・精神的自由**
人身の自由とは、国家から国民の身体の自由を保障するもので、日本国憲法では18条の奴隷的拘束・苦役からの自由、31〜40条の刑事手続に関する規定がこれにあたります。そして、経済的自由は22条の居住・移転・職業選択の自由と29条の財産権で、精神的自由は19条の思想・良心の自由、20条の信教の自由、21条の表現の自由、23条の学問の自由がこれにあたります。

***「自由国家」「消極国家」「夜警国家」**
自由権を保障する国家を「自由国家」と表現することはわかると思いますが、「消極国家」とは国家が国民に余計なことをしない（消極的である）国家のことです。また、「夜警国家」とは国家の仕事を軍隊による防衛と警察による治安に限定する国家のことです。これと対比的に使う社会権を保障する国家を、「社会国家」「積極国家」「福祉国家」と表現します。

Q02 立憲主義とは何ですか？

A. 憲法に従って国家の運用を行う考え方のことです

　Q01で見たように、市民革命後に暴走する危険性のある国家を縛るために登場するのが憲法ですが、この**憲法に従って国家の運用を行う考え方のことを立憲主義**といいます。

　ただ、日本の場合、戦前も1889年制定の大日本帝国憲法（明治憲法）が存在しました。しかし、主権は天皇にあり、臣民の権利・自由は法律によっていくらでも制限可能なものであったため、大日本帝国憲法は「外見的立憲主義憲法」といわれています。これに対して、主権は国民にあるとし、**基本的に多数派によっても奪えないのが人権であると考える日本国憲法**が形式面だけでなく実質面においても立憲主義的な憲法といえるでしょう。

　そして、国家権力から憲法を守るための規定を憲法に盛り込んでいます（**憲法の保障**）。具体的には、憲法98条で憲法が最高法規であって、これに反する法律や政府行為などは無効とし、宣言だけでは不十分なので、81条で法律や政府行為などの憲法適合性の判断権を裁判所に委ねています（**違憲審査制**）。また、国家権力を行使する公務員を縛るために公務員には99条で**憲法尊重擁護義務**を課し、三権分立によって国家権力の独走を防ぎ、96条で最高法規である憲法を簡単に変えられないようにしています（**硬性憲法**＊の技術）。

　この憲法96条は憲法改正の規定で、憲法の改正は各議院の総議員の3分の2以上の賛成で国会が発議し、国民投票における過半数の賛成で承認し、

＊硬性憲法
憲法改正が法律改正と同じようにできる憲法を「軟性憲法」といい、憲法改正が法律改正より難しい憲法を「硬性憲法」といいます。日本は法律改正は国会の過半数の賛成でできる一方、本文で述べたように憲法改正はこれより難しいため、日本国憲法は「硬性憲法」といえます。多くの国の憲法も硬性憲法であり、日本国憲法が規定上特に憲法改正が難しいのではありません。

天皇が公布するというものです。そして、この憲法の改正は手続さえ踏めばどんな改正もできるとは考えていません。民主主義・戦争の放棄・国民主権を「人類普遍の原理」とした前文1段の規定や、基本的人権の永久不可侵性をうたった11条と97条の規定などを根拠に、**憲法改正には限界があると考える憲法改正限界説が憲法学界では通説**になっています。この場合、日本国憲法の基本原理である国民主権、基本的人権の尊重、平和主義は変えてはいけないと考えています。

　このことから、戦前の日本は、内容に関係なく法は守るべきもの、「悪法も法なり」と考える「**法治主義***」の国であったのに対して、**戦後の日本は、法は正義にかなっていなければならない、悪法は無効にすべきだし、無効になっていなければ時に国民は破ってもいいという「法の支配***」**の国に変わったといえます。

　この両者の関係は、「民主主義」と「立憲主義」との関係に近いものでもあります。戦後の日本は国会の多数決で作った法律も裁判所が違憲無効と判断できる違憲審査制を導入しました。違憲審査制は、19世紀初頭にアメリカで誕生した制度で、人民の意思を尊重したヨーロッパでは、当初、無視しました。しかし、人類はナチス・ドイツの経験をします。形式的には合法的に多数派の支持を得て政権を取ったナチスの経験から、多数派は必ずしも正しくないことを学びました。多数派の暴走を防ぐために、戦後はヨーロッパでも日本でも違憲審査制を導入するのです（これを「**違憲審査革命**」といいます）。

　したがって、近代立憲主義は国王など国家権力を縛ることが目的でしたが、**現代立憲主義は多数派の暴走を防ぐことも目的になりました**。通常は民主主義（議会制民主主義）の下で運営しますが、多数派が暴走したときは立憲主義で是正するのです。「地方自治体の首長選挙で51対49でも選挙に勝った側は白紙委任されるのだ」「衆議院の総選挙で過半数を制した与党の選挙公約は全て信任されたのだ」といったたぐいの政治家の主張が見られますが、これは単純多数決主義ともいえる発想で、立憲主義の観点が欠如しているといえます。

＊法治主義と法の支配

市民革命は法の支配の観点から正当化できますが、日本は市民革命を経験していませんし、裁判所が法律をあまり違憲と判断しないので、いまだに法治主義的な発想の人が多いようです。しかし、法治主義は「どのような法でも守るべきもの」と思い込む点で、自分で法の是非を考えない思考停止の考え方です。「安保法制」（戦争法）が典型的ですが、数の力で制定された法律の違憲性を考える姿勢が大事です。

第1章 憲法と平和主義に関する基礎知識

Q03 憲法は平和主義についてどのように規定しているのですか？

A. 前文で基本原則を示し、9条で平和に向けての目的と手段を示しています

　1889年制定の大日本帝国憲法は、天皇主権の下、天皇に陸海軍の統帥権を認め（11条）、天皇に宣戦・講和の権限を与え（13条）、臣民には兵役の義務を課していました（20条）。この憲法の下で、日本は日清戦争に始まるアジアへの侵略戦争を続けます。

　しかし、日本は1945年に第2次世界大戦で敗北しました。戦争は日本の敗北のみならず、日本人約310万人とアジア民衆約2000万人もの犠牲を生み出します。この犠牲の上に連合国最高司令官総司令部（GHQ）の主導の下、日本国憲法が制定され、明治憲法とは大きく異なる平和主義を規定しまた。したがって、憲法の平和主義は、先の戦争の反省と将来再び侵略戦争を行わないという世界に向けての宣誓としての意味があるのです。

　このような歴史的背景の下で制定された日本国憲法の平和主義の構造は、前文で平和主義に関する基本原則を示し、9条で平和に向けての目的と手段を示しています。

　まず前文ですが、1段で「政府の行為によつて再び戦争の惨禍が起ることのないやうにすることを決意し、ここに主権が国民に存することを宣言し、この憲法を確定する」としました。すなわち、天皇主権の下で引き起こされた先の戦争の過ちを否定し、再び過ちを繰り返さないために国民主権と平和主義を憲法の基本原理として打ち出すのです。

　そして、前文2段では、平和主義の原理を全面的に展開します。まず、「日本国民は、恒久の平和を念願し、人間相互の関係を支配する崇高な理想を深く自覚するのであつて、平和を愛する諸国民の公正と信義に信頼して、われらの安全と生存を保持しようと決意した」とします。また次に、「われらは、平和を維持し、専

制と隷従、圧迫と偏狭を地上から永遠に除去しようと努めてゐる国際社会において、名誉ある地位を占めたいと思ふ」「われらは、全世界の国民が、ひとしく恐怖と欠乏から免かれ、平和のうちに生存する権利を有することを確認する」としました。すなわち、**日本が目指す平和主義は単に自国だけが平和であればいいという一国平和主義ではなく、全世界の国民が単に非軍事的な平和にとどまらない積極的な平和を保障されるものだと明示したのです。**

次に9条ですが、まず1項で、「日本国民は、正義と秩序を基調とする国際平和を誠実に希求し、国権の発動たる戦争と、武力による威嚇又は武力の行使は、国際紛争を解決する手段としては、永久にこれを放棄する」としました。すなわち、**前文の基本原則を受けて、9条1項で国際平和のために日本は戦争を放棄するという目的を掲げる**のです。

そして2項では、「前項の目的を達するため、陸海空軍その他の戦力は、これを保持しない。国の交戦権は、これを認めない」としました。すなわち、**9条1項の目的を達する手段として、2項で軍隊の放棄を明示した**のです。

[大日本帝国憲法下の日本]

満州
朝鮮
大日本帝国
中国
台湾

[日本国憲法]

目的：戦争放棄（9条1項）
手段：軍隊の放棄（9条2項）
原則：戦争の反省・将来の不戦（前文）

コラム 押しつけ憲法論

日本国憲法はGHQの占領下に、GHQ案を基にして制定されたため、いわゆる「押しつけ憲法」論があります。しかし、GHQが原案を作成したのは、日本がポツダム宣言を無視して大日本帝国憲法と変わらない憲法改正案を、当時の幣原内閣の下の松本委員会が作成したからです。この時、GHQは諸外国や日本の民間人が作成した憲法案を参考にしていますし、政府も帝国議会も原案を修正し、選挙で選ばれた帝国議会議員が制定し、当時の世論調査でも国民は「新憲法」を歓迎しました。一方で、連合国の中には天皇処刑論もあったのに、天皇制が残ったのはマッカーサーの意向です。しかも、天皇制を残しても近隣諸国が日本を脅威と思わないように9条とセットで制定された側面もあります。「押しつけられた9条」を改正するというなら、天皇制もセットでなくせというべきです。

第1章　憲法と平和主義に関する基礎知識

Q04 自衛権とは何ですか？

A. 侵害を排除する国家の権利で、個別的自衛権と集団的自衛権とがあります

　自衛権とは、急迫不正の侵害を排除するために、武力をもって必要な行為を行う国家の権利のことですが、国連憲章では51条*で国連加盟国に個別的自衛権と集団的自衛権*の行使を認めています。**個別的自衛権は侵害された国が一国で自衛する権利**のことで、**集団的自衛権は実際に侵害されている国とは別の実際には侵害されていない同盟国などが侵害されている国を守るために共に戦う権利**のことです。

　憲法9条には「自衛権」と明示されていないので、そもそも日本国憲法は自衛権の保持を認めているのか否かという問題があります。これについては、憲法学界では**自衛権の保持を認めているとする自衛権留保説**と、**認めていないとする自衛権放棄説**とがあります。

　まず、自衛権留保説は、個人には自己保存のために正当防衛権が当然保障されているように、国家にも自己保存のために国家固有の自衛権の保持が保障されていると考えます。一般的に自衛権留保説は、その自衛権の内容は国家の軍隊による武力行使を意味します。ただ、この学説には日本も自衛権の保持を保障されていますが、**9条の規定からそれは武力によらない自衛権だとする説（武力なき自衛権説）**があり、**これが多数説**となっています。この「武力なき自衛権」といった場合、具体的には外交交渉による侵害の回避や警察力による排除、民衆蜂起・不服従による抵抗などを想定しています。

***国連憲章51条**
「……国際連合加盟国に対して武力攻撃が発生した場合には、安全保障理事会が国際の平和及び安全の維持に必要な措置をとるまでの間、個別的又は集団的自衛の固有の権利を害するものではない。この自衛権の行使に当つて加盟国がとつた措置は、直ちに安全保障理事会に報告しなければならない。……」

一方、自衛権放棄説は、生身の個人と、個人から人為的契約により作られる国家とを区別し、自衛権を保持するか否かも契約によるものですから、自衛権は国家固有のものではないとします。また、9条1項全面放棄説（Q5参照）から9条2項全面放棄説（Q5参照）に対する批判として、自衛権を保持するが行使しないというのは意味がないとします。武力なき自衛権説に対しても、その具体例を自衛権として説明することに疑問を投げかけます。さらに自衛権放棄説は、憲法は形式的に自衛権を放棄していませんが、実質的に放棄したと考える実質的放棄説と、形式的にも実質的にも放棄したと考える形質的放棄説とに分かれます。

　2014年の集団的自衛権行使容認をめぐる議論の中で、「個別的自衛権も集団的自衛権も自然権として国家固有の権利であり、国家には当然認められる」といった議論が聞かれました。しかし、自然権というものは、仮に国家や憲法が存在しなくても、人（自然人）には生まれながらにして当然持っている権利があるとするものです（もちろん、この権利は社会権や参政権なども含む憲法が保障する権利全てではなく、自由権などに限定されます）。これに対して、国家は人が人為的に作り出したものです。国際法上、集団的自衛権が明記されるのは、1945年制定の国連憲章からです。したがって、個別的自衛権もそうですが、特に集団的自衛権が自然権だということはできないでしょう。

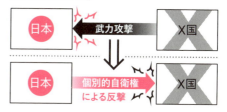

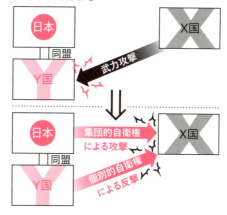

＊**集団的自衛権**

国連憲章51条では、個別的自衛権と集団的自衛権が並列して表記されていますが、もちろん、国連加盟国にその行使の判断権があります。スイス・オーストリアのような永世中立国やコスタリカのような軍隊のない国家は、個別的自衛権を行使しても、集団的自衛権を行使しません。これらの国が集団的自衛権を行使しないことで、国際社会から批判されるものでもありません。

第 I 章　憲法と平和主義に関する基礎知識

Q05 憲法学界では憲法9条をどのように解釈してきたのですか？

A. 1項と2項でそれぞれ2種類の解釈があります

　まず、9条1項の戦争の放棄に関してですが、学説は2つに分かれます。

　1つ目の学説は、条文中の「国際紛争を解決する手段」としての戦争を侵略戦争とし、**9条1項は侵略戦争を放棄したと解釈します（A説＝限定放棄説）**。この学説は、第1次世界大戦という世界戦争の悲劇を繰り返さないために1928年に制定された**戦争抛棄ニ関スル条約（不戦条約）**＊の1条、すなわち、「締約国ハ国際紛争解決ノ為戦争ニ訴フルコトヲ非トＳ」という規定の解釈をそのまま日本国憲法にもあてはめたものです。不戦条約は戦争一般を放棄したと考えられていますが、実際には自衛権行使までは放棄していないと考えるので、事実上「国際紛争解決ノ為」の「戦争」を侵略戦争と解し、ここで放棄したのは侵略戦争であると考えています。したがって、A説はそのような国際法の流れにしたがって、日本国憲法でも侵略戦争を放棄したにとどまると解釈するものです。

　2つ目の学説は、先の日本の戦争が典型であるように、自衛戦争と侵略戦争の区別は難しく、自衛の名で侵略戦争が行われてきた歴史があるし、戦争はすべて国際紛争解決のためにあるのではないか、とりわけ日本では先の戦争の過ちから徹底的に戦争を放棄すべきではないかという反論を行います。また、後で見るように、多数説は1項で事実上の「自衛戦争」を放棄せず、2項で自衛のための軍隊も放棄したと考えるのですが、そのような解釈に意味はなく、先の戦争の反省から憲法が制定された経緯を考えても、そもそも1項で「自衛戦争」も放棄

＊**戦争抛棄ニ関スル条約（不戦条約）**
世界にとってショックだったのは、1914年から18年までの第1次世界大戦でした。科学技術の発達は毒ガスや戦車を生み出し、これまでの戦争と比べものにならないほど一般市民の犠牲者が出たからです。そこで、1920年代のアメリカではこのような悲劇を繰り返さないために、戦争非合法化（outlawry of war）運動が展開され、この運動の成果として不戦条約が制定されました。

したのだという反論を行います。以上の観点から、9条1項で事実上の「自衛戦争」を含む一切の戦争を放棄したと考えます（B説＝全面放棄説）。

次に9条2項の戦力の不保持についてですが、これについても2つ学説があります。

1つ目の学説は、条文中の「前項の目的」は、1項の「国際紛争を解決する手段としては、戦争を放棄する」にかけて、特に1項解釈でA説の立場に立つ場合の解釈です。すなわち、1項で放棄したのは侵略戦争であるため、その「目的」（侵略戦争放棄）のための戦力の放棄は限定的で、自衛のための戦力の保持は許されるとします（甲説）。

これに対して2つ目の学説は、ここでいう「前項の目的」は、1項の「正義と秩序を基調とする国際平和を誠実に希求［する］」か、1項全体を指すと解釈し、自衛のための戦力の保持も許されないと考えます（乙説）。

以上の1項と2項についての学説の組み合わせ*ですが、1項で侵略戦争の放棄・2項で侵略戦争のための戦力不保持と考える学説（A説＋甲説）は学界では少数説です。これに対して、多数説は1項で侵略戦争の放棄・2項で自衛のための戦力も不保持と考えます（A説＋乙説＝9条2項全面放棄説）。ただ、1項で事実上の「自衛戦争」も放棄・2項で自衛のための戦力も不保持と考える学説（B説＋乙説＝9条1項全面放棄説）も有力です。

［憲法9条をめぐる学説の分類］

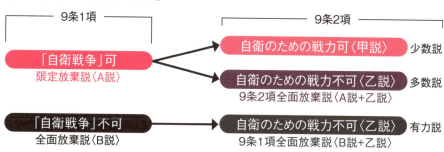

＊学説の組み合わせ

上記の9条1項と2項との学説の組み合わせでいえば、自衛隊は事実上戦力と考えてA説＋甲説を支持する国民が結構いるかもしれません。しかし、やはり憲法解釈は厳密に行う必要があります。憲法学界の多数説はA説＋乙説＝9条2項全面放棄説ですが、私自身はB説＋乙説＝9条1項全面放棄説を支持しています。皆さんもご自身でどれを支持するのか考え、他の方と議論してみてください。

第1章 憲法と平和主義に関する基礎知識

Q06 平和的生存権とは何ですか？

A. 憲法前文などから保障される権利ですが、捉え方については諸説あります

　Q03で見たように、**憲法前文2段では、「われらは、全世界の国民が、ひとしく恐怖と欠乏から免かれ、平和のうちに生存する権利を有することを確認する」とし、「全世界の国民」に「平和のうちに生存する権利」を保障しています。これを「平和的生存権」といいます**。そして、ここでいう「恐怖と欠乏から免かれ[る]」「権利」の解釈としては、**「恐怖から免かれ[る]権利」を自由権、「欠乏から免かれ[る]権利」を社会権と考えます**。

　なぜなら、戦争になれば、強制的に国民から物資を取り上げる徴発や強制的に国民を軍隊に入れてしまう徴兵、国家統制、反戦思想の抑圧、反戦運動の弾圧などにより国民の財産権や苦役からの自由、移動の自由、思想の自由、表現の自由など多くの自由権が制約される可能性があるからです。また、社会保障の制限や戦争遂行のための教育、労働運動弾圧などにより、生存権や教育を受ける権利、労働基本権が制約される可能性があるからです。つまり、**平和な状態であることが自由権と社会権を全面的に保障し、自由権も社会権も平和が確保されて初めて全面的に享受できると考える**のです。

　また、平和の問題を「権利」としたことは画期的です。なぜなら、戦争か平和かの問題を「政策」とした場合、戦争に関する権限は議会または行政の長（首相もしくは大統領）に委ねられることになります。すなわち、戦争をするかしないかは多数決原理に基づく民主的決定問題になるのです。一方で、**平和の問題を「権**

＊ **多数派と少数派の権利**

憲法が保障した権利・自由は、多数決原理で奪うことはできません。Q02で違憲審査制について触れましたが、裁判所が議会の多数決原理で制定した法律（例えば、障がい者や女性を差別する法律など）を違憲と判断できるということは、裁判所は議会の多数派にはなれない少数派を守る役割もあるということです（このことから、裁判所のことを「少数派の人権の砦」と表現することがあります）。

利」とした場合、安易に多数決で少数派の平和のうちに生存する権利を奪ってはならないということになります*（もっとも、Q02で述べたとおり、日本国憲法の下では平和の問題を「権利」としなくても、憲法改正の限界に平和主義も入っていると考えれば、国民の平和のうちに生存する権利を多数決原理で奪ってはならないと考えることができますが）。

　さらに、前文の平和的生存権ですが、学説では憲法上平和的生存権を認めるのか否かで、積極説と消極説とに分かれます。積極説は、権利の根拠条文をa.前文、b.9条、c.前文・9条、d.前文・9条・第3章全体、のいずれかにおくかで学説が分かれますが、**裁判規範性***までも認めます。すなわち、根拠条文にもよりますが、政府による軍隊の保持や戦争遂行、他国の戦争支援、場合によっては世界の貧困問題に対処しないことまでもが、平和的生存権侵害と捉えることにもなります。一方、消極説は、「平和」の概念はあいまいで中身の確定は不可能であることや、憲法は国内規範であるのに主体を「全世界の国民」としていることから、ここでいう平和的生存権は国家が目指すべき目標を述べたにすぎず、具体的権利性はないとします。これが多数説です（私は積極説を支持しますが）。

　裁判では、自衛隊の存在の違憲性が争われた長沼事件で、1審の札幌地裁判決（1973年9月7日）は平和的生存権の権利性を認める画期的な判決を出しました（さらに、自衛隊自体を違憲と判断しました）が、2審の札幌高裁判決（1976年8月5日）は裁判規範性を否定します。その後も最高裁など平和的生存権を認める判決はありませんでした。

　しかし、自衛隊のイラク派兵の違憲性を問う自衛隊イラク派兵差止訴訟で、2審の名古屋高裁判決（2008年4月17日）は平和的生存権の具体的権利性を認める判決を出します（さらに、イラクでの自衛隊の活動を違憲と判断します）。また、岡山で取り組まれた自衛隊イラク派兵差止訴訟で、1審の岡山地裁判決（2009年2月24日）は平和的生存権を憲法上の基本的人権であると認めました（ただし、両判決とも差止自体は認めませんでした）。

＊裁判規範性

憲法には様々な権利・自由が保障されていますが、憲法に規定されている権利・自由を直接使って裁判できる権利（裁判上の権利）と、関連する法律などがないと裁判はできないが、憲法で保障された権利であるとは主張できる権利（憲法上の権利）とに分かれます。前者の場合、このような権利には裁判規範性があるといいます。例えば、前者には自由権が、後者には社会権や参政権が当てはまります。

第1章　憲法と平和主義に関する基礎知識

Q07 政府は憲法9条をどのように解釈してきたのですか？

A. 「戦力」の保持を認めていませんが、「実力」の保持は認めています

　戦後当初は、日本政府も憲法9条については自衛のための戦争も放棄していると考えていました。例えば、1946年に吉田茂首相は、こういいました。

　「戦争抛棄に関する本案の規定は、直接には自衛権を否定して居りませぬが、**第9条第2項に於いて一切の軍備と国の交戦権を認めない結果、自衛権の発動としての戦争も、又交戦権も抛棄したもの**であります。」(1946年6月26日衆議院帝国憲法改正委員会)

　しかし、同じ吉田首相が、1950年に警察予備隊を創設する時に、警察予備隊は軍隊ではないという観点から、以下のようにいうのです。

　「**警察予備隊＊の目的は全く治安維持にある。**……日本の治安をいかにして維持するかというところに、その目的があるのであり、従ってそれは軍隊ではない。」(1950年7月30日参議院本会議)

　そして、1952年に警察予備隊が保安隊に改編される時、吉田内閣は以下のような政府統一見解を出すのです。

　「一．憲法第9条第2項は、侵略の目的たると自衛の目的たるとを問わず『戦力』の保持を禁止している。

　　一．右にいう**『戦力』とは、近代戦争遂行に役立つ程度の装備、編成を備えるものをいう。**……」

　この解釈から、保安隊は「戦力」にあたらない、違憲ではないとしたのです。

＊ **警察予備隊**
憲法9条があるので「警察予備隊」(英語表記はNational Police Reserve)と表現し、いわゆる「戦車」を保有していても「特車」と表現しました。この言葉の言い換えは、その後も続き、「保安隊」(National Safety Forces)、「自衛隊」(Japan Self-Defense Forces)と表現するように、決して日本語で「日本軍」や「国防軍」など「軍」という表現を使ってきませんでした。

さらに、1954年に保安隊が陸海空から成る自衛隊に改編され誕生する時も、自衛隊は「戦力」にあたらないと政府は解釈しました。そして、1972年には、時の吉国一郎内閣法制局長官が、以下のような考えを示します。

　「戦力とは、広く考えますと戦う力ということでございます。……**憲法第9条第2項が保持を禁じている戦力は**、右のようなことばの意味どおりの戦力のうちでも、**自衛のための必要最小限度を超えるもの**でございます。**それ以下の実力*の保持は、同条項によって禁じられてはいない**ということでございまして、この見解は、年来政府のとっているところでございます。」（1972年11月13日参議院予算委員会）

　要するに政府は、憲法が保持を禁じているのは「戦力」であって、これにいたらない「実力」の保持は許される。**自衛隊は「実力」だから憲法違反ではない**というのです。これは、国民自身が憲法を改正する気がないので、自衛隊と憲法9条を両立させるために政府が編み出した解釈といえます。しかし、自衛隊が戦車や戦艦（「護衛艦」）を保持しようと、アメリカ軍と同じ戦闘機を保持しようと、毎年防衛費が増えようと（自衛隊が着実に強化されようと）、自衛隊は軍隊ではないというのは、国際的には通用しない、国内だけで完結する屁理屈ともいえるものです。

［憲法9条をめぐる政府解釈の変遷］

自衛権の発動としての戦争も、又交戦権も抛棄した
1946年　吉田茂首相

警察予備隊は軍隊ではない
1950年　吉田茂首相

戦力とは近代戦争遂行に役立つもの
1952年　吉田内閣・政府統一見解

戦力は自衛のための必要最小限度を超えるもの
1972年　吉国一郎内閣法制局長官

言っていることがどんどん変わるね　国民

＊実力

「自衛のための必要最小限度を超えるもの」が「戦力」で、「超えないもの」が「実力」といわれても、イメージしづらいものがあります。ただ、あえていえば、自衛隊は「警察以上軍隊未満の組織」といったものです。自衛隊は軍隊ではないから、個別的自衛権を行使することはできても、国外で他国軍隊と共に戦う集団的自衛権までは行使できないと、従来の政府も考えたのでしょう。

第1章　憲法と平和主義に関する基礎知識

Q08 政府は集団的自衛権をどのように解釈してきたのですか？

A. 日本は保持していても行使できないと明確に解釈してきました

　Q07で述べたように、「警察以上軍隊未満の組織」が集団的自衛権まで行使するとなると、憲法などで軍隊の保持と集団的自衛権の行使を認めている他国の軍隊と変わらなくなるので、政府は日本は集団的自衛権の行使まではできないと考えてきました。

　具体的には、従来、よく知られていたのは、以下の**1981年の政府見解**です。ここで、はっきりと憲法9条の観点から日本は集団的自衛権を保持しているが行使できないといっていました。

　「国際法上、国家は、集団的自衛権、すなわち、自国と密接な関係にある外国に対する武力攻撃を、自国が直接攻撃されていないにもかかわらず、実力をもって阻止する権利を有しているものとされている。」「我が国が、国際法上、このような集団的自衛権を有していることは、主権国家である以上、当然であるが、**憲法第九条の下において許容されている自衛権の行使は、我が国を防衛するため必要最小限度の範囲にとどまるべきものであると解しており、集団的自衛権を行使することは、その範囲を超えるものであつて、憲法上許されないと考えている。**」（1981年政府答弁書）

　これに対して、2014年の集団的自衛権行使容認論が出てくる中で、にわかに注目されるようになったのが、**1972年の政府見解**です。以下のように述べています。

　「国際法上、国家は、いわゆる集団的自衛権、すなわち、自国と密接な関係にある外国に対する武力攻撃を、自国が攻撃されていないにもかかわらず、実力をもって阻止することが正当化されるという地位を有しているものとされており、……わが国が国際法上右の集団的自衛権を有していることは、主権国家である

以上、当然といわなければならない。」「憲法は、……前文において『全世界の国民が……平和のうちに生存する権利を有する』ことを確認し、また、第一三条において『生命、自由及び幸福追求に対する国民の権利については、……国政の上で、最大の尊重を必要とする』旨を定めていることからも、わが国がみずからの存立を全うし国民が平和のうちに生存することまでも放棄していないことは明らかであって、自国の平和と安全を維持しその存立を全うするために必要な自衛の措置をとることを禁じているとはとうてい解されない。しかしながら、だからといって、平和主義をその基本原則とする憲法が、右にいう自衛のための措置を無制限に認めているとは解されないのであって、それは、あくまで外国の武力攻撃によって国民の生命、自由及び幸福追求の権利が根底からくつがえされるという急迫、不正の事態に対処し、国民のこれらの権利を守るための止むを得ない措置としてはじめて容認されるものであるから、その措置は、右の事態を排除するためとられるべき必要最小限度の範囲にとどまるべきものである。そうだとすれば、わが憲法の下で武力行使を行うことが許されるのは、わが国に対する急迫、不正の侵害に対処する場合に限られるのであって、したがって、他国に加えられた武力攻撃を阻止することをその内容とするいわゆる集団的自衛権の行使は、憲法上許されないといわざるを得ない。」（1972年参議院決算委員会提出資料）

ここでも、はっきりと憲法の平和主義の観点から日本は集団的自衛権を保持しているが行使できないといっていました。しかし、Q14で述べるように、2014年の閣議決定は、この政府見解を悪用し、集団的自衛権の行使ができるという、これまで許されなかった解釈を生み出すのです。

コラム『あたらしい憲法のはなし』

Q07やQ08で見てきたような政府の姿勢を批判するために、文部省が中学1年生の社会科教科書として1947年に発行した『あたらしい憲法のはなし』がよく紹介されます。この中で、「兵隊も軍艦も飛行機も、およそ戦争をするためのものは、いっさいもたないということです。これからさき日本には、陸軍も海軍も空軍もないのです。……しかしみなさんは、けっして心ぽそく思うことはありません。日本は正しいことを、ほかの國よりさきに行ったのです。世の中に、正しいことぐらい強いものはありません」とまで書いているからです。一方で、「私たちは、天皇陛下を私たちのまん中にしっかりとお置きして、國を治めてゆくについてごくろうのないようにしなければなりません」とも書いています。このような天皇を特別扱いする本を、私は全面的に評価する気にはなれません。

第1章 憲法と平和主義に関する基礎知識

Q09 憲法9条の下で、日本の平和の現実はどうだったのですか？

A. 憲法9条の下での制約もありましたが、形骸化の道を歩んできました

　憲法9条を素直に解釈すれば、自衛権行使だけでなく、軍隊の保持もできないと解釈できそうですが、現実の政治はその理念に逆行するものでした。

　アジアにおける共産主義国家・中国の誕生（1949年）と朝鮮戦争の勃発（1950年）は、アメリカの対日政策を転換させ、米軍の朝鮮戦争への動員の穴埋めと日本をアジアにおける「反共の防波堤」にするという戦略から、日本を占領していた連合国最高司令官総司令部（GHQ）のマッカーサーは再軍備を要求し、1950年に警察予備隊が創設されます。そして、サンフランシスコ平和条約締結による日本独立後も日本に米軍を駐留させるため、1951年には日米安全保障条約を締結しました。両条約発効の1952年には警察予備隊が保安隊に、1954年には陸海空から成る自衛隊に替わっていくのです。

　ただ、旧安保条約はアメリカに日本の防衛義務がなく、日本がアメリカへ基地の提供をするだけでなく、米軍が内乱に対処する条項もあるという植民地主義的な条約であったため、1960年に新安保条約に「改正」されます。これにより、日米の対等性が強まり、両国は軍備増強義務を負い（3条）、日本の施政下の領域における「共通の危機に対処するように行動する」ことになり（5条＝「共同行動条項」）、日本には「日本国の安全に寄与し、並びに極東における国際平和及び安全の維持に寄与するため」、アメリカに基地提供する義務が課せられました（6条＝「極東条項」）。この安保条約「改正」に際しては、国民の広範な反対運動（60年の安保闘争）が盛り上がり、岸信介政権は退陣に追い込まれます。

　その後も10年後に安保条約の延長を巡り国民の反対運動（70年の安保闘争）が展開されました。国際政治状況の変化に応じて、日米両政府は安保条約「改正」の必要性を認識していましたが、60・70年安保闘争の経験からその後

は安保条約は「改正」されることはありませんでした。しかし、国会の承認を不要とする実質的な「改正」ともいえる日米防衛協力のための指針（ガイドライン）を1978年に締結し、在日米軍は日本に対する武力攻撃のおそれのある段階から、そして極東地域外でも行動できる姿勢を打ち出します。

　一方、憲法に9条が存在することで、日本の軍事大国化に一定の歯止めをかけることもできました。すなわち、自衛隊の海外派兵の禁止（1954年参議院決議）、武器輸出3原則（1967年に佐藤栄作首相答弁で共産圏・国連決議により輸出が禁止されている国・国際紛争当事国へ武器輸出はしないとし、1976年には三木武夫首相答弁で事実上これら対象国以外も禁止しました）、非核3原則（核兵器を持たず・作らず・持ち込ませずという原則。1967年の佐藤首相答弁で初めて言及しました）、防衛費のGNP比1％枠（1976年閣議決定）、集団的自衛権行使の否認（1972年の政府見解など）です。

　しかし、武器輸出3原則については1983年に中曽根康弘政権が対米武器技術輸出を解禁することで形骸化し、2014年に安倍政権は防衛装備移転3原則＊に変えてしまいます。中曽根政権は他にも1987年に防衛費のGNP比1％枠を撤廃しました。また、海外派兵の禁止については、1991年の湾岸戦争後に機雷を除去する掃海艇をペルシャ湾に派遣しましたし、1992年から自衛隊のPKO活動への参加が始まり、2001年からアフガン戦争に従事する米軍に海上自衛隊がインド洋で給油活動を行い、2003年からイラク戦争後に陸海空3自衛隊をイラクなどに派兵し、自衛隊の海外派兵がエスカレートしていきます。

> **コラム 中曽根政権と安倍政権**
>
> 憲法の形骸化は自民党政権の下で徐々に進んでいきますが、一気に進むという点では、「戦後政治の総決算」を掲げた中曽根政権と、「戦後レジームからの脱却」を掲げた安倍政権とは似ています。中曽根政権は他にも教育改革を掲げ、靖国神社に公式参拝し、安全保障会議を設置し、国家秘密法の制定を狙い、憲法を「マック憲法」と揶揄しました。一方の安倍政権も教育基本法を改正し、靖国神社に参拝し、国家安全保障会議を設置し、秘密保護法を制定し、憲法を「みっともない憲法」といっています。

＊ **防衛装備移転3原則**
①紛争当事国への移転や国連安保理決議に基づく義務違反となる場合は禁止し、②平和貢献・国際協力の積極的な推進や我が国の安全保障に資すると判断できる場合、③原則として目的外使用及び第三国移転について我が国の事前同意を相手国政府に義務付ける場合、防衛装備の移転ができるとした原則。武器輸出ができない3原則から、防衛装備輸出ができる3原則にかわりました。

第2章

戦争法の問題点とは何か

第2章 戦争法の問題点とは何か

Q10 なぜ安倍政権は「解釈改憲」（=集団的自衛権の行使容認）を行ったのですか？

A. 憲法改正は困難と判断したためです

　Q08で説明したように、歴代の政府は日本は憲法上集団的自衛権の行使はできないとしてきました。したがって、日本で集団的自衛権の行使を可能にするには憲法を「改正」するしかないはずです（もちろん、私自身は集団的自衛権行使を認める憲法「改悪」には反対の立場ですが）。実際に、自民党は2012年4月に発表した改憲案（「日本国憲法改正草案」）の中で、新設の9条の2により国防軍を設置し、9条2項に「自衛権の発動を妨げるものではない」という文言を置くことで（そして、この自衛権に集団的自衛権も含まれると解釈した上で）、この国防軍が集団的自衛権の行使ができるという提案を行いました。

　とはいえ、憲法改正は憲法96条に従って行うため、Q02で説明したように、衆参両院で3分の2以上の賛成による発議と国民投票で過半数の賛成が必要です。これはハードルが大変高く、時間もかかります。そこでこのハードルを下げるために、2012年12月の第2次安倍政権誕生後、安倍首相は衆参両院での発議が過半数の賛成でできるようにする「憲法96条改正先行論」を唱えました。

　しかし、憲法改正のハードルの高さは日本に限らないため（例えば、アメリカでは各議院の総議員の3分の2以上の賛成と4分の3以上の州議会の承認を、ドイツでは各議院の3分の2以上の賛成を、イタリアでは各議院の過半数の賛成と3ヶ月以上経過後に各議院の3分の2以上の賛成を必要としています。諸外国で憲法改正が何度か行われているのは、憲法改正のハードルが低いためではなく、

＊国家安全保障基本法案
2012年7月に自民党総務会で決定、発表されたもので、安全保障政策に関する「基本法」（上位法）と位置づけられた法案です。法案は全12条から成り、内容としては安全保障の目的・基本方針、地方公共団体や国民の責務、安全保障基本計画、自衛権の行使、安全保障措置等への参加、武器の輸出入等が規定されています。
https://www.jimin.jp/policy/policy_topics/pdf/seisaku-137.pdf

国民が憲法改正に賛成したためです)、安倍首相は立憲主義をわかっていないという観点から国会内外で猛烈な反対の声が上がり、安倍首相もこの改憲を断念するのです。

そこで、安倍政権が次に狙ったのが「立法改憲」と「解釈改憲」です。前者については、すでに自民党が2012年7月に「国家安全保障基本法案」*を発表していました。この10条で「我が国、あるいは我が国と密接な関係にある他国に対する、外部からの武力攻撃が発生した事態」に「我が国が自衛権を行使」できると規定しているのです。この自衛権にも集団的自衛権が含まれると自民党は説明し、2014年の通常国会にこの法案を国会に提出する可能性もありました。とはいえ、基本法となると、制定までに国会審議もかなり時間を要します。野党に追及され、それがマスコミに報道されれば、国民の反対運動も盛り上がる可能性があります。

そのため、国家安全保障基本法案の提出も断念し、もっとも簡単な閣議決定による解釈変更(「解釈改憲」)を行うことにしたのです。具体的には、2014年5月15日の「安全保障の法的基盤の再構築に関する懇談会」(安保法制懇)の報告書と政府の「基本的方向性」、これを受けての同年7月1日の閣議決定です。

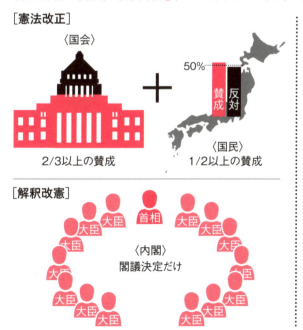

[憲法改正]
〈国会〉 2/3以上の賛成
〈国民〉 1/2以上の賛成

[解釈改憲]
〈内閣〉 閣議決定だけ

コラム 「立法改憲」と「解釈改憲」

本文で書いたように、日本国憲法96条で憲法改正には国会と国民の意思を問う必要があります。したがって、本来、憲法改正すべき内容を立法で行うことは、国民の意思を問わず、国会の意思も過半数の賛成で可能とする点で問題があり、解釈変更で行うことは、国会と国民の意思を問わない点で許されないはずです。したがって、ここでは「立法改憲」「解釈改憲」とかっこつきで表現しておきます。

第2章 戦争法の問題点とは何か

Q11 第1次安倍政権の安保法制懇報告書の4類型とは何ですか？
（2008年）

A. 限定的な集団的自衛権行使・PKOでの駆けつけ警護・多国籍軍支援です

　Q10で2014年5月15日の「安全保障の法的基盤の再構築に関する懇談会」（安保法制懇）の報告書に触れましたが、この**安保法制懇はまず第1次安倍政権が2007年に設置したもの**です。そこでまず、この安保法制懇が2008年に出した報告書から見ていきましょう。

　この報告書の中では、4類型に分けて自衛隊の活動を検討します。すなわち、**①公海上での米艦船への攻撃への応戦、②米国に向かう弾道ミサイルの抑撃、③国際平和活動をともにする他国部隊への駆け付け警護、④国際平和活動に参加する他国への後方支援**で、このうち①と②が集団的自衛権の問題、③と④が「**集団安全保障**」の問題として全て可能としたのです。

　これに対して、①については世界最強の米軍に攻撃するような国があるのか、②については朝鮮半島からアメリカ本国に向かうミサイルは日本の上空を飛ばない、という批判が出ました。③と④については、本来の集団安全保障と同列に議論すべきではないと考えます。すなわち、国連憲章に明記されている集団安全保障とは、国連憲章41条の国連安全保障理事会（国連安保理）の要請で国連加盟国が行う非軍事的措置と42条の軍事的措置（いわゆる国連軍の行動）であって、**PKO*も国連安保理決議に基づく多国籍軍の活動も国連憲章には明記されていない**からです。

＊PKO

PKO（Peacekeeping Operations）とは、国連憲章に集団安全保障の規定がありながら、米ソ冷戦下では米ソ中英仏の常任理事国が国連安保理で拒否権を行使し、機能しなかったため、北欧やカナダなどの小国の非武装の部隊が国連の名で紛争当事者の間に入って紛争の平和的解決のために活動してきたもの。これが冷戦終結後の1990年代以降、国連安保理が機能することで、時に国連自体が紛争当事者になり、安保理常任理事国の武装部隊が武力行使をする活動も登場し、PKOが変質しました。

ここで思い出してほしいのは、1990年代の議論です。Q21であらためて論じますが、従来のPKOは、国連安保理常任理事国のような大国ではない北欧やカナダなどの部隊が、紛争当事国の停戦合意がある時に基本的に非武装で活動し、紛争地域の安定のために活動していたものでした。そして、この当時のPKOには国際社会で一定の評価があったのです。

　しかし、米ソ冷戦終結後は国連安保理が機能し始め、アメリカなどの大国の部隊も停戦合意がなくても重武装で活動するようになり、PKOが変質しました。だから、日本でもPKO法の国会審議の時は当時の社会党や共産党などは牛歩戦術まで使って抵抗します。自衛隊のカンボジアPKO派兵やゴラン高原PKF派兵に対しては違憲訴訟まで提起されました。湾岸戦争時の多国籍軍に対する日本の戦費支出に対しても、市民平和訴訟という違憲訴訟が行われています。

　このように1990年代は、日本でPKOに対しても多国籍軍の活動に対しても異論があったのに、今はマスコミにさえ批判的な報道がありません。情けないことです。これらを国連憲章で明記された集団安全保障と同列に扱うことには問題があるでしょう。私自身は**集団的自衛権だけでなく、冷戦終結後に変質したPKOや湾岸戦争タイプの多国籍軍に日本が後方支援・参加することも許されないと考えます**。なお、2008年の安保法制懇報告書を出した時は福田康夫政権で、福田政権はこの報告書を相手にしませんでした。

コラム 集団安全保障と集団的自衛権

集団安全保障と集団的自衛権は、似たような表現を使っていますが、考え方は全く異なります。集団安全保障の場合は、まずは各国が仮想敵を持たず、お互いに武力行使をしないことを約束し、約束違反した国がある場合は国連加盟国全体がまずは非軍事で、それがダメなら軍事的に違反国を抑えるという考え方です。これに対して、集団的自衛権の場合は、同盟国が共通の仮想敵を想定して、軍事力で仮想敵を抑えるという考え方です。

第2章 戦争法の問題点とは何か

Q12 第2次安倍政権の安保法制懇報告書の6類型とは何ですか？
（2014年）

A. 集団的自衛権についての新提案だけでなく、グレーゾーンの事態の提案もあります

　Q11で触れたように、2008年の安保法制懇報告書を福田政権が相手にしなくても、何ら問題はなかったのですが、第2次安倍政権が誕生すると安保法制懇を再開しました。安倍政権になると、安全保障関係が悪化するようです（安倍首相の存在が、東アジア地域における不安定要素だと思いますが）。

　そして、2014年5月15日に、安保法制懇は報告書を出します。ここではさらに6類型、すなわち、⑤日本近隣での有事の際の臨検・米艦等への攻撃排除、⑥米国が武力攻撃を受けた際の支援、⑦シーレーンでの掃海、⑧国連安保理決議に基づく活動への参加、⑨領海での潜没航行外国潜水艦への対応、⑩離島等での武装集団による不法行為への対応を追加します。このうち、⑤から⑦が集団的自衛権の問題、⑦と⑧がいわゆる「集団安全保障」の問題（⑦は集団的自衛権と「集団安全保障」と2つの側面があります）、⑨と⑩がグレーゾーンの事態の問題とし、自衛隊の活動範囲拡大を提案するのです。

　このグレーゾーンの事態とは何でしょうか。これは、「純然たる平時でも有事でもない幅広い状況を端的に表現したもの」（『防衛白書』）で、武力攻撃にあたらない範囲で実力組織による攻撃があった時に、これまでの法律ではまずは警察や海上保安庁が対応し、これらの対応では難しい場合に自衛隊が対応するとしていました。それを今回の提案では、自衛隊の対応開始時期を早め、最初から自衛隊が対応できるとするのです。

　これら集団的自衛権の行使もいわゆる「集団安全保障」への参加も、憲法上日本は許されないでしょう。私自身は、グレーゾーンの事態での対応も危険なものと考えますが、これについてはQ20で考えたいと思います。

　この報告書に対して、安保法制懇が報告書を出した同じ日に、安倍首相が2

枚のパネルを使って政府の「基本的方向性」*を説明しました。しかし、このパネルの1枚はPKO活動中の駆け付け警護の問題であって集団的自衛権の問題ではありません。もう1枚は邦人輸送中の米輸送艦の防護でした（Q27参照）が、ガイドラインに基づく日米交渉で朝鮮有事の際の邦人輸送は基本的に日本側が行うとしたので、安倍首相のパネルは適切ではありません。

そして、政府の「基本的方向性」は安保法制懇と違って、①全面的な集団的自衛権行使ではなく限定的な集団的自衛権行使であること、②軍事的措置を伴う「集団安全保障」には参加しないこととし、報告書よりは「抑制的」な姿勢を示しました。安保法制懇が時間をかけて準備してきた報告内容を、発表当日に政府が否定したにもかかわらず、安保法制懇側から強い反発の声が出なかったことを考えれば、あらかじめ安保法制懇と政府との間で調整があったのではないかと推測できますが、少なくとも安保法制懇より政府の「基本的方向性」の方が無難な印象を与える効果はあったかもしれません。

[グレーゾーンの事態]

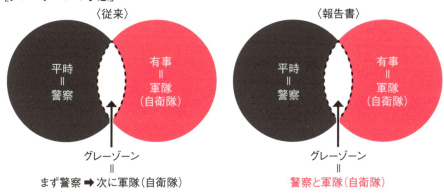

＊政府の「基本的方向性」

政府は安保法制懇報告書の考え方を二つに分けました。一つは、「個別的か、集団的かを問わず、自衛のための武力の行使は禁じられていない、また、国連の集団安全保障措置への参加といった国際法上、合法な活動には憲法上の制約はない」というもの。しかし、これは従来の政府解釈とは論理的に整合しないため、政府として採用できないとします。もう一つは、憲法13条の生命、自由、幸福追求に対する国民の権利を政府は最大限尊重しなければならないから、「自国の平和と安全を維持し、その存立を全うするために必要な自衛の措置を採ることは禁じられていない」、「我が国の安全に重大な影響を及ぼす可能性があるとき、限定的に集団的自衛権を行使することは許される」というもの。この後者の考え方について、「従来の政府の基本的な立場を踏まえた考え方」だから、「政府としてはこの考え方について、今後さらに研究を進めていきたい」としました。

Q13 安倍首相のいう「積極的平和主義」とは何ですか？

A. 戦争に肯定的な「積極的戦争主義」ともいえるものです

　この間の集団的自衛権行使容認論や戦争法について安倍首相が言及する際に、「積極的平和主義」（proactive contribution to peace）という表現がよく使われてきました。これはどのような考え方なのでしょうか。

　安倍首相がいう「積極的平和主義」は、民間シンクタンクの公益財団法人日本国際フォーラム*（伊藤憲一会長、渡辺繭理事長）の影響を受けている可能性が高いです。なぜなら、安倍首相はかつてこの組織の参与を務めていたからです（しかも、「内閣総理大臣」の肩書きで）。同フォーラムが2009年に発表したのが、「日本国際フォーラム第32政策提言　積極的平和主義と日米同盟のあり方」という政策提言です。この中で、まず、「日本の平和主義は、これまでの『消極的平和主義』『受動的平和主義』から新しい『積極的平和主義』『能動的平和主義』へとレベルアップしなければなりません」としています。

　そして、具体的には、専守防衛・軍事大国にならない・文民統制の確保・非核3原則の再検討・再定義、普天間基地移転問題など世界的規模の米軍再編プロセスへの協力、集団的自衛権が行使可能な権利であることの解釈の変更または憲法の改正による承認、武器輸出3原則の根本的な見直し、防衛・安全保障に関する機密保全体制の不備の改善・根本的見直しなど国家の情報収集・分析体制の整備・強化などを提言しているのです。

　実際に、安倍政権は防衛費を毎年増額し続け、普天間新基地建設を強行し、

＊**公益財団法人日本国際フォーラム**
1987年に設立された民間・非営利の外交・国際問題に関する総合的な研究・提言を行う組織で、2011年に公益財団法人化。「わが国の対外関係のあり方および国際社会の直面する諸問題の解決策について、……調査、研究、審議、提言する」ことが会の目的で、理事・評議員・顧問・参与・委員など役職者には保守政治家・大学教員・財界関係者などが名を連ねています。https://www.jfir.or.jp/j/

集団的自衛権行使を容認する解釈変更と戦争法を制定し（2014年・2015年）、武器輸出（禁止）3原則を防衛装備移転3原則に変え（2014年）、国家安全保障会議を設置し（2013年）、秘密保護法を制定する（2013年）など、提言に沿って政策を実行してきています。

しかし、この安倍首相のいう「平和主義」は、憲法が想定する平和主義とは全く異なります。これまで、平和学・憲法学では、「消極的平和」と「積極的平和」という概念で平和論を展開してきました。Q03などで憲法9条の平和主義について触れましたが、**9条は物理的な暴力、それが最大化した戦争のない状態を目指す平和主義のことであり、「何かをしないことによってえられる平和」「〜しない平和」という意味から「消極的平和」を追求する規範と考えられています**。「消極」には「裏・陰・否定・負号・無為・保守・受動などの意を表す語。控え目」という意味がありますが、「進んでは事をしないこと」という意味もあるように（『広辞苑』）、ここでの「消極」は後者の意味で用いられています。

さらに、憲法の平和主義はQ06にも書いたとおり、憲法前文にもあります。ここにいう平和は、ノルウェーの平和学者であるヨハン・ガルトゥング（Johan Galtung）の概念を借りるならば、以下のようになります。すなわち、単に「平和」を「戦争（暴力）のない状態」＝「**消極的平和（negative peace）***」と捉えるだけでは不十分です。今日の世界経済の中では、資源が不平等に配分され、資源配分に関する決定権が不平等に配分されている構造に組み込まれた「**構造的暴力（structural violence）**」も存在します。この構造的暴力とは、国際及び国内の社会構造に起因する貧困・飢餓・抑圧・疎外・差別などを指し、単に「平和」を「戦争のない状態」と捉えず、「構造的暴力のない状態」＝「**積極的平和（positive peace）***」と捉えます。この構造的暴力の解消を目指す平和を、「何かをすることによってえられる平和」「〜する平和」という意味から「積極的平和」というのです。よって、安倍首相のいう「積極的平和主義」は平和学・憲法学でいう「積極的平和」とは別物で、「積極的戦争主義」ともいえるものです。

＊消極的平和と積極的平和

消極的平和と積極的平和の意味は上記のとおりですが、ここではあらゆる暴力の不在が求められます。あらゆる暴力の不在とは、戦争など物理的な直接的暴力、上記の構造的暴力、暴力や軍隊などを肯定する文化的暴力のいずれもがない状態を指します。

第2章 戦争法の問題点とは何か

Q14 集団的自衛権行使を容認した閣議決定（2014年7月1日）はどのような内容なのですか？

A. 「武力行使の新3要件」を内容としています

　2014年5月15日の政府の「基本的方向性」を受けて、その後、自民党と公明党との間で与党協議会が始まります。同年5月27日の与党協議会では、政府が追加事例（全体で15事例）を示します。安保法制懇からの続き番号で記せば、⑪公海上で自衛隊が遭遇した不法行為への対処、⑫弾道ミサイル発射警戒時（攻撃なし）の米艦防護、⑬国際平和活動での任務遂行のための武器使用、⑭領域国の同意に基づく邦人救出、⑮邦人輸送中の米輸送艦の防護、⑯弾道ミサイル発射警戒時（攻撃時）の米艦防護、⑰民間船舶の共同護衛であり、安保法制懇報告書にあった④と⑧を統合し、⑨は「参考」という扱いになりました。この⑪と⑫がグレーゾーンの事態、⑬と⑭がいわゆる「集団安全保障」、⑮から⑰までが集団的自衛権の問題です。自民党としてはグレーゾーンの事態から順番に公明党の同意を取り付けるつもりでしたが、**公明党内からの異論で事例毎の検討はあきらめるのです。**

　そこで、次に出てきたのが一般的な基準作りです。まず、同年6月3日の与党協議会で政府は4基準を提示します。これは、（a）現に戦闘行為を行っている他国部隊への支援、（b）戦闘行為に直接使用する物品・役務の提供、（c）他国部隊の戦闘現場での支援、（d）戦闘行為と密接な関係という4条件をすべて満たした場合は戦闘行為と一体化し、許されないというものでした。しかし、この基準に公明党が反対したので、6月6日に撤回するのです。

　その6月6日の与党協議会では、新たに政府が3基準（〈a〉戦闘が行われている現場では支援しない、〈b〉後に戦闘が行われている現場になった時は撤退する、〈c〉ただし人道的な捜索救援活動は例外）を提示します。さらに、6月13日の与党協議会では、自民党副総裁でもある高村正彦座長が3基準試案（〈a〉我が

国に対する武力攻撃が発生したこと、又は他国に対する武力攻撃が発生し、これにより我が国の存立が脅かされ、国民の生命、自由及び幸福追求の権利が根底から覆されるおそれがあること、〈b〉これを排除し、国民の権利を守るために他に適当な手段がないこと、〈c〉必要最小限の実力行使にとどまるべきこと、という3要件に該当する場合は武力行使が可能）を示し、これを基に6月17日に政府が閣議決定原案を示し、さらに修正した上で7月1日の閣議決定に至るのです。

　これが「**武力行使の新3要件**」といわれるもので、すなわち、**(a)我が国に対する武力攻撃が発生した場合のみならず、我が国と密接な関係にある他国に対する武力攻撃が発生し、これにより我が国の存立が脅かされ、国民の生命、自由及び幸福追求の権利が根底から覆される明白な危険がある場合、(b)これを排除し、我が国の存立を全うし、国民を守るために他に適当な手段がないとき、(c)必要最小限度の実力を行使することは許容される**、としたのです。この新3要件について、公明党は集団的自衛権の全面行使ではないと、自民党は与党協議会で提示した集団的自衛権に関する事例（①②⑤⑥⑦⑮⑯⑰）全てで行使可能と説明しました。

[**自衛権行使の3要件**（1954年）]
① 我が国に対する急迫不正の侵害があること
② これを排除するために他の適当な手段がないこと
③ 必要最小限度の実力行使にとどまるべきこと

⬇⬇⬇

[**武力行使の新3要件**（2014年）]
① 我が国に対する武力攻撃が発生した場合のみならず、我が国と密接な関係にある他国に対する武力攻撃が発生し、これにより我が国の存立が脅かされ、国民の生命、自由及び幸福追求の権利が根底から覆される明白な危険がある場合
② これを排除し、我が国の存立を全うし、国民を守るために他に適当な手段がないとき
③ 必要最小限の実力を行使することは許容される

コラム　政府が幸福追求権を持ち出す理由

この「武力行使の新3要件」の中で、「国民の生命、自由及び幸福追求の権利が根底から覆される明白な危険がある場合」という言い方をするのはなぜでしょうか。これは、素直に憲法9条を解釈したら、日本は自衛のためでも武力の行使ができなくなるので、9条以外の規定から武力の行使を正当化するためのものです。それは、Q08で紹介した1972年の政府見解の中でも、憲法13条の国民の生命、自由及び幸福追求の権利（幸福追求権）を根拠に自衛の措置を正当化しています。国家には国民の幸福追求権を保障する責務が当然あるのだという認識があるのです。しかし、国家が国民の幸福追求権を保障する方法は軍事によるものだけではありませんし、このような解釈をすると、なぜ日本国憲法に9条の規定があるのか、説明が難しくなります。

第2章 戦争法の問題点とは何か

Q15 集団的自衛権行使を容認した閣議決定(2014年7月1日)には手続的にどのような問題があるのですか?

A. 憲法改正の限界に関わる基本原理の変更を憲法改正ではなく、解釈改憲したことです

では、集団的自衛権行使の容認などを内容とする2014年7月1日の閣議決定にはどのような問題があるのでしょうか。もちろん、内容面での問題がありますが、それはQ16に譲り、ここでは手続面での問題を見ていきましょう。

何度も述べるように、集団的自衛権の行使は憲法学説上憲法9条から正当化されるものではありませんし、歴代政府も政府見解で否定してきました。そのような重みを考えれば、**憲法の解釈変更ではなく、本来なら憲法改正が必要なはずです**。憲法を改正するには、Q02でも触れたとおり、憲法96条で、①国会の発議(各議院の総議員の3分の2以上の賛成で国会が発議すること)、②国民による承認(国民投票における過半数の賛成で承認すること)、③天皇による公布が必要とされています。すなわち、**2014年の閣議決定は憲法で求められている国会と国民の意思の確認をしなかったことになります**。

これに関連していえば、**1954年の参議院本会議の「自衛隊の海外出動を為さざることに関する決議」**があります。自衛隊が集団的自衛権を行使するということは、自衛隊の海外出動が必要になることであり、この参議院決議は全会一致で行われていることから、閣議決定だけで自衛隊の海外出動につながる集団的自衛権行使の容認を決めてはいけないでしょう。また、閣議決定前の2013年の参議院選挙では、集団的自衛権行使問題は自民党の選挙公約に入っていませんでした。有権者に大事な問題として自民党は選挙時に問うていなかったのです。以上のことから、**閣議決定で憲法解釈の変更をすることは、憲法41条・43条で国会を国権の最高機関・国民の代表機関としていることと、憲法前文・1条で国民主権を規定しているのに、これらを無視したことになり、議会制民主主義と国民主権に反するといえます***。だから多くの人が、2014年の閣議決定は立憲主

義の否定だと批判したのです。

　では、仮に憲法96条の憲法改正手続に則って憲法改正をすれば、それでよいのでしょうか。これに関しては、Q02で憲法改正の限界について述べました。憲法改正には限界があるとする改正限界説が学界の多数説で、その場合の限界の内容は基本原理（国民主権、基本的人権の尊重、平和主義）だと考えられています。このように、**憲法改正の手続を踏んだとしても憲法改正には限界があるのですから、憲法改正によって憲法改正の限界に関する平和主義原理に手を触れることは慎重でなければいけません。**

　ということは、憲法の基本原理に関わる部分の解釈変更は絶対に許されないことになります。特に**憲法の基本原理を閣議で安易に解釈変更することを認めてしまえば**、場合によっては政権交代のたびに同じ問題で**解釈改憲が行われ、憲法の安定性・信頼性が損なわれてしまいます。**

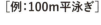
[例：100m平泳ぎ]

閣議決定による解釈改憲は、選手が勝手に都合よくルール変更をするようなもの

＊**憲法41条**
「国会は、国権の最高機関であつて、国の唯一の立法機関である。」

＊**憲法43条1項**
「両議院は、全国民を代表する選挙された議員でこれを組織する。」

＊**憲法前文1段**
「日本国民は、正当に選挙された国会における代表者を通じて行動し、……ここに主権が国民に存することを宣言し、この憲法を確定する。」

＊**憲法1条**
「天皇は、日本国の象徴であり日本国民統合の象徴であつて、この地位は、主権の存する日本国民の総意に基く。」

第2章　戦争法の問題点とは何か

Q16 集団的自衛権自体にはどのような問題がありますか？

A. 主に大国が小国に侵攻・侵略する時に悪用されてきました

　Q04で見たとおり、確かに、国連憲章51条は国連加盟国に個別的自衛権だけでなく、集団的自衛権の行使についても限定的に認めています。しかし、国際法上、集団的自衛権が明記されるのは、1945年制定の国連憲章からで、**自然権ではありませんし、国連加盟国は国連憲章に規定されていることを全て履行する必要があるわけではありません**[*]。

　さらに、この国連憲章に集団的自衛権が規定される経緯から検討すべきこともあります。それは、この**国連憲章の基になる1944年のダンバートン・オークス提案に、集団的自衛権は明示されていなかった**ことについてです。なぜ、国権憲章に集団的自衛権が入ったのかといえば、中南米諸国が他国から攻撃された時に自国だけで防衛することに対する不安から集団的自衛権の保障を要求し、当初、必ずしも明記に積極的ではなかったアメリカが国連憲章に明記したからなのです。**この当時の集団的自衛権は、隣り合う小国が他国の武力攻撃からお互い助け合って守るというものでした。**

　しかし、米ソ冷戦が始まると、この性格が変わるのです。**米ソなどが集団的自衛権を根拠に、NATOやワルシャワ条約機構などの軍事同盟を締結する**のです。この軍事同盟は米ソ冷戦を続ける要因でもありました（日米安保条約の場合、アメリカは日本の防衛のために集団的自衛権を行使できますが、日本はアメリカのために集団的自衛権を行使できないとしてきました）。

＊自然権からの正当化論

自然権とは、市民革命時に革命を正当化するためブルジョアジーによって主張された概念です。人を生まれによって差別する封建思想を否定するために、仮に国家や憲法がなくたって、「人は生まれながらにして、自由かつ平等である」と想定するものです。したがって、人（自然人）ではない、人によって人為的に構成される国家に自然権があるとするのは、かなり無理があります。

そして、これまで集団的自衛権を行使してきた行使国・事例は以下のとおりです。まず、アメリカは1958年にレバノン、1965年にベトナム（この時のアメリカ以外の行使国はオーストラリア、ニュージーランドなど）、1988年にホンジュラス、1990年にペルシャ湾地域（他の行使国はイギリス）に集団的自衛権を行使します。ソ連・ロシアは、1956年にハンガリー、1968年にチェコスロバキア、1980年にアフガニスタン、1993年にタジキスタンに行使します。他にも国連安保理常任理事国の大国としては、イギリスが1958年にヨルダン、1964年に南アラビア連邦、2001年にアフガニスタン（他の行使国はフランス、オーストラリアなども）に、フランスが1986年にチャドに行使します。

　確かに、これらの国以外では、キューバが1983年にアンゴラに、ジンバブエ・アンゴラ・ナミビアが1998年にコンゴに行使した事例があります。しかし、歴史的に多くの集団的自衛権行使国は大国であり、大国が関係国の内乱や内戦に干渉したり、小国へ侵攻・侵略する時に悪用されてきました。アメリカによるベトナム戦争や湾岸戦争、ソ連による東欧民主化への介入やアフガニスタン侵攻なども集団的自衛権行使で正当化し、当初想定していたものとは全く別物になってしまっています。

　英語でも集団的自衛権はright of collective self-defenseという表現をするため、集団的「自衛」権と表現せざるをえませんが、以上の行使の実態からすれば、「他衛」権であり、「侵略」権といえる場合もあります。このような実態からすれば、今の国際情勢の下では国連加盟国に個別的自衛権の行使を認めるのはやむをえないとしても、集団的自衛権の行使については再考すべきではないでしょうか。少なくとも、国連憲章に規定されているから日本も行使すべきだ、とはならないでしょう。

ベトナム戦争中、米空母艦上で離発着をくり返して爆撃に向かうファントム戦闘爆撃機（1972年5月、写真／朝日新聞社）

ハンガリーに侵入したソ連軍戦車を捕獲して、旧ハンガリー王国の国旗を振るブダペスト市民（1956年11月、写真／共同通信社）

第2章　戦争法の問題点とは何か

Q17　2015年のガイドライン再改定はどのような内容なのですか？

A. 自衛隊が平時からグローバル有事まで米軍に兵站（活動）を行うという内容です

　Q09に、1951年の日米安保条約締結、1960年の日米安保条約「改正」、1978年の日米防衛協力のための指針（ガイドライン）締結のことを書きました。本来、条約改正で行うべきことを、ガイドラインという文書の締結で、実質的に安保条約の意味内容を変えてきたのですが、その後、1997年にガイドライン改定を行います。これは、米ソ冷戦後の朝鮮有事を想定して、日米で平時・日本有事・周辺有事に対応する内容になっていました。

　そして、2015年4月27日にガイドラインの再改定を行います。これは、当初、2012年8月に民主党政権の森本敏防衛相とレオン・パネッタ米国防長官が再改定で同意し、議論が始まったものです。まず、自公政権ではなく、民主党政権がガイドライン再改定の必要性を認識していたことが要注意です。

　この時は、アメリカは財政赤字から2012年のDSG（米国防戦略指針）で国防予算削減を、2014年のQDR（4年毎の国防計画見直し）で4軍削減を打ち出し、同盟国に役割分担を求めるのです。また、後者にはサイバー空間及び宇宙空間での日米協力もうたい、アジア太平洋地域重視を打ち出し、中国については脅威であると同時にパートナーであるとするのです。アメリカはこのような方向でガイドライン再改定を目指していました。

　一方の日本側の民主党政権は、1997年ガイドラインを超える自衛隊のイラク派兵やジブチ基地開設（菅直人政権の時の2011年6月）などに対応したガイドラインの再改定を目指します。しかし、安倍政権が誕生すると、安倍首相が唱える「積極的平和主義」に基づく集団的自衛権行使容認や、対中国との関係でアメリカを日本側に付けるためにガイドラインの再改定を望むようになったのです。

　結局、再改定されたガイドラインの内容は、まず、「アジア太平洋地域および

これを越えた地域」での「日米同盟のグローバルな性質」を確認し、**平時から緊急事態まで（グレーゾーンからグローバル有事まで）の「切れ目のない（シームレス）」対応を確認します**。これに関しては、1997年ガイドラインでは、日本側は周辺事態法1条で「周辺事態」を「そのまま放置すれば我が国に対する直接の武力攻撃に至るおそれのある事態等我が国周辺の地域における我が国の平和及び安全に重要な影響を与える事態」とし、当時の国会論戦の中で小渕首相がこれを「地理的概念」と認めてしまったので、2015年ガイドラインでは、「周辺事態」を削除して地理的概念ではないとするのです。

そして、**1997年ガイドラインで日本が行うのは「後方地域支援（rear area support）」でしたが、2015年ガイドラインでは「後方支援（logistics support）」に変えます**。日本語で「後方支援」というと地理的概念が入り込んでいる印象を与えますが、英語ではそうでないことはあきらかであり、これはいわゆる「兵站（活動）」を意味します。これにより、自衛隊が米軍の活動に対して、兵站（活動）を担うことがはっきりとしました。

さらに、**2015年ガイドラインでは、必要に応じて設置される調整メカニズム（同盟調整メカニズム）の常設化をうたいます**。これは、2011年の東日本大震災後、米軍は「トモダチ作戦」を実行しましたが、実際は米太平洋有事519作戦の災害版といわれるものでした。米太平洋軍司令官がハワイから日本にやってきて、市ヶ谷・横田・仙台に指揮所を設置したのですが、これを常設化するというものなのです。

コラム 民主党の安全保障政策

政権獲得前の民主党は、「憲法提言」（2005年10月）で国連軍・国連多国籍軍・PKO活動への参加を打ち出し、「制約された自衛権」を憲法で明確にするとした一方、イラク特措法廃止法案を参議院では可決し（2007年10月）、テロ対策特措法の延長に反対し（2007年11月）、鳩山由紀夫政権が誕生した時も沖縄・普天間基地の県外・国外移設を目指すとしていました（2009年9月）。しかし、鳩山政権の時にハイチへの自衛隊PKO派遣を行い（2010年2月）、自衛隊のイラク派遣は違憲ではないとし（2010年3月）、普天間基地移設先を自公政権と同じ辺野古案にしてしまいます（2010年5月）。続く、菅直人政権の時は、ジブチ基地開設以外にも非核3原則・武器輸出3原則・PKO参加5原則の変更を提案し（2010年8月）、南西地域の島嶼部防衛力強化を打ち出し（2010年12月）、野田佳彦政権の時は、武器輸出3原則の緩和を実行し（2011年12月）、南スーダンへの自衛隊PKO派遣にも踏み切り（2012年1月）、一部自公政権で実現できなかったことを実現しました。

第2章 戦争法の問題点とは何か

Q18 2015年ガイドライン再改定にはどのような問題があるのですか？

A. 憲法に抵触しているのはもちろんのこと、日米安保条約にも抵触しています

　では、このガイドライン（再改定）にはどのような問題があるのでしょうか。

　やはり、まずは憲法上の問題があります。そもそも、憲法9条の平和主義の観点からすれば、日本が日米安保条約のような軍事条約を締結し、日本の自衛隊などが米軍と共同行動することを想定していなかったはずです。私自身は、**そもそも日米安保条約自体が憲法違反と考えますので、当然、ガイドラインも憲法違反と考えます。**

　また、締結自体の問題もあります。**ガイドラインは、日本側は外務大臣と防衛大臣、アメリカ側は国務長官と国防長官（いわゆる2＋2）によって締結される文書で、政府間協定ですらありません。**日本政府は行政協定でもないと説明し、法的拘束力を否定しています。しかし、1997年ガイドライン後に日本側は周辺事態法（1999年）を制定しており、2015年9月の戦争法制定の背景の一つに2015年ガイドラインの影響があることは否定できないでしょう。

　そうであれば、本来はやはり日米安保条約の「改正」という方法をとらなければならないはずですが、Q09で見たように、日米両政府はその方法を取っていません。それは、条約の改正となると憲法73条3号で国会承認事項となっているため、国会で議論をすれば、問題点をマスコミが伝え、国民の中で反対運動が盛り上がる可能性もあります。

［安保条約の改正］
そもそも違憲
↑
内閣が締結
＋
国会が承認

［ガイドラインの改定］
同じく違憲
↓
外相　＋　防衛相
2人だけで締結

だから、ガイドラインという手法をとったのでしょう。**本来は条約改正にあたるものを2+2で締結してしまうということは、憲法73条に抵触します。**

さらに、私自身は日米安保条約が憲法違反と考えますが、安保条約に抵触する事態が進行しています。日米安保条約5条（共同行動条項）は、「日本国の施政の下にある領域における、いずれか一方に対する武力攻撃」が発生した場合に日米共同で行動することを規定しています。**今回の集団的自衛権行使容認は「日本国の施政の下」にない領域での共同行動を可能とする点で、この枠を越えています。**

また、同6条（極東条項）は、「日本国の安全に寄与し、並びに極東における国際平和及び安全の維持に寄与するため」、アメリカは日本に基地を置けるとしています。しかし、**在日米軍は極東の範囲を越えて、イラクやアフガニスタンで活動してきました。**本来、在日米軍が作戦行動する場合は、日米間で事前協議をする必要があるのですが、それをしていません。この点、政府は米軍の軍事行動は単なる「移動」であり、「移動」中の命令変更については問わないという姿勢をとってきています。2015年ガイドラインはますますこの流れを助長するものであり、この点でも安保条約の枠を越えています。

さらにいえば、これは**安保条約の枠を越えているということ以上に、安保条約違反ともいえます**。そもそも安保条約自体、憲法違反といえるのに、安保条約違反という点で二重の違反といえる状態が続いているのです。このような異常な状態は許されません。

コラム 沖縄基地問題と日米安保条約

この間、沖縄の辺野古新基地建設問題について、沖縄から何度も反対の意思表示がされてきています。最近でも、2014年11月の沖縄県知事選挙では建設反対を公約にした翁長雄志氏が当選し、同年12月の衆議院選挙でも県内4つの小選挙区全てで野党候補が当選し、2017年10月の衆議院選挙でも3つの選挙区で野党候補が当選しました。2018年9月の沖縄県知事選挙でも建設反対の玉城デニー氏が当選し、2019年2月の辺野古基地建設のための埋立ての賛否を問う県民投票では反対票が7割を超えました。故翁長前知事がいっていたように、日本の面積の0.6％にすぎない沖縄に在日米軍基地の約70％が集中していることが異常であり、本土の日本国民も問われているのです。私は日米安保条約自体が憲法違反と考えるので、米軍基地も日本から撤去すべきという立場ですが、日米安保条約に賛成している本土の国民で、基地は沖縄でいいと考えている人は勝手すぎませんか。

第2章 戦争法の問題点とは何か

Q19 戦争法はどのような法律なのですか？

A. 2014年閣議決定を具体化する11本の法律です

　安倍政権は、2014年7月1日の閣議決定を具体化するための法律案を2015年5月15日に国会に提出しました（同年7月16日衆議院可決、9月19日参議院可決・成立）。政府・与党などは、これを「平和安全法制」と表現します。一方で、マスコミや民主党などは「安保関連法制」「安保関連法案」と表現し、反対運動の中では「戦争法」という表現も使われました。

　まず、この表現についてですが、私は**この法律を「戦争法」と表現するのがいいと考えてきました**。もちろん、国際法的には不戦条約や国連憲章では戦争を違法化し、法的には「戦争」はできないはずです。しかし、実際には国連憲章が限定的な自衛権行使を加盟国に認め、この自衛権行使が事実上の「戦争」となり、自衛隊がこの法律で事実上の「戦争」をすることになるので、「戦争法」という表現は誤りとはいえないでしょう。

　また、歴代の政府・与党は「日本軍」「国防軍」に相当する組織を「警察予備隊」や「自衛隊」、戦車を「特車」と表現してきたように、その本質を覆い隠す表現をとってきたからこそ、「平和安全法制」は本当に平和や安全を求めるものではなく、「戦争」をするための法律だと、その本質をついていく必要もあります。

　実際に、2015年初頭から「**戦争をさせない1000人委員会**[*]」がこの法案を「戦争法案」と表現するようになり、社民党の福島瑞穂副党首が2015年4月1日の

＊戦争をさせない1000人委員会

自治労・日教組・部落解放同盟・I女性会議・社青同・原水禁など旧総評・社会党系の団体で構成されている「フォーラム平和・人権・環境」（平和フォーラム）が中心になって2014年3月に結成された団体。この1000人委員会と、市民団体を中心とする「解釈で憲法9条を壊すな！実行委員会」（2014年4月結成）、全労連や共産党などから構成される「戦争する国づくりストップ！憲法を守り・いかす共同センター」（2014年5月結成）の3団体によって、2014年12月に「戦争させない・9条壊すな！総がかり行動実行委員会」が結成されました（詳しくは、Q47参照）。

参議院で「戦争法案」と表現して追及したところ、安倍首相が「レッテル貼り」だと反論し、与党が議事録からこの表現の削除を要求しました。このような反発は、「戦争法案」という表現がその本質を端的に突く表現であった*からこそ出てきたものでしょう。

そして、当初、共産党は、「戦争立法」と表現していたところ、2015年5月中旬から共産党も「戦争法案」で表現を統一したことは、運動にとってもプラスになったと思います。1980年代の推進側が「スパイ防止法案」と表現した「国家秘密に係るスパイ行為等の防止に関する法律案」を、社会党やマスコミなどが「国家秘密法案」、共産党などが「国家機密法案」と別の表現を使っていましたが、反対運動をする人・団体がどの表現をするかでその政治性がわかるというマイナス面がありました。

そして、この「戦争法」ですが、1本の法律ではありません。形式的には「国際平和支援法」(新法)と「平和安全法制整備法」(一括法)の2本から成り、後者には改正自衛隊法、改正PKO法、改正周辺事態法、改正船舶検査活動法、改正武力攻撃事態法、改正米軍行動関連措置法、改正特定公共施設利用法、改正海上輸送規制法、改正捕虜取扱い法、改正国家安全保障会議設置法から構成されました。

ちなみに、なぜ後者は一括法なのかといえば、これまでも地方分権一括法など例がありますが、本来、内容的には一本一本別々に国会に提出すべき内容があっても、一括法にしてしまえば、国会での採決は一回ですむからだと思われます。これはこれで、国会に十分審議させないという点で問題があります。

[戦争法]

国際平和支援法(新法)

平和安全法制整備法(一括法)
・改正自衛隊法
・改正PKO法
・改正周辺事態法
・改正船舶検査活動法
・改正武力攻撃事態法
・改正米軍行動関連措置法
・改正特定公共施設利用法
・改正海上輸送規制法
・改正捕虜取扱い法
・改正国家安全保障会議設置法

---

* **本質を端的に突く表現**
政府・与党といった制定推進側が付けた名称に対して、反対側がその本質を端的に突く表現を使った事例としては、他にも「通信傍受法」(1999年8月制定)に対する「盗聴法」、「テロ等準備罪法」(2017年6月制定)に対する「共謀罪法」があります。

Q20 グレーゾーンの事態に自衛隊を出すことの問題は何ですか？

A. 一気に軍事衝突に発展する危険性があります

　Q12で見たように、第2次安倍政権の安保法制懇報告書に、「グレーゾーンの事態」への対処として、「領海での潜没航行外国潜水艦への対応」と「離島等での武装集団による不法行為への対応」というものが入りました。また、2015年5月27日の与党協議会では、「公海上で自衛隊が遭遇した不法行為への対処」が具体的検討事例に加えられました。

　結局、これらは戦争法には入らず、2015年5月14日の①「我が国の領海及び内水で国際法上の無害通航に該当しない航行を行う外国軍艦への対処について」、②「離島等に対する武装集団による不法上陸等事案に対する政府の対処について」、③「公海上で我が国の民間船舶に対し侵害行為を行う外国船舶を自衛隊の船舶等が認知した場合における当該侵害行為への対処について」と題する閣議決定で決めてしまったのです。

　具体的には、①について、**電話などによる閣議決定も可**とし、自衛隊法82条の海上警備行動の発令を迅速に可能とします。②については、当初は領域警備法なる法律で対応しようと政府内で検討もされていましたが、これも電話などによる閣議決定も可とし、自衛隊法78条の治安出動や自衛隊法82条の海上警備行動の発令を迅速に可能とします。③については、自衛隊の船舶や航空機による警戒監視等の活動中に、公海上で日本の民間船舶に対して海賊行為や武力攻撃には該当しない不法な暴力行為、抑留又は略奪行為などの侵害行為を行う外国船舶があった場合、電話などによる閣議決定も可とし、海賊対処法7条1項の海賊対処行動の発令と自衛隊法82条の海上警備行動の発令を迅速に可能とします。

　しかし、**そもそも自衛隊を動かすという決定を電話などでも決定してよいもの**

なのでしょうか。一人ひとり電話などで確認をする場合に、議論になれば逆に決定まで時間がかかるでしょうし、電話に出ているのは本当に大臣本人か確認は正確にできるのかという問題もあります。

　また、①の無害通航に該当しない航行を行う外国軍艦への対処もそうですが、②の離島等に対する武装集団による不法行為への対処にいきなり自衛隊を出すことに問題はないでしょうか。既存の「海上保安庁・警察活用論」があまり聞かれないのは不思議なことです。

　というのも、現在、海上保安庁には巡視船「しきしま」「あきつしま」といった世界最大クラスで海上保安庁唯一の軍艦構造を有する巡視船があります。全長は150mもあり、海上自衛隊のイージス艦「こんごう」並の大きさで、航続距離は2万カイリ、35mm連装機銃または40mm単装機銃2機や20mm機銃2機を装備し、ヘリコプター2機を搭載可能です。私自身は「警察の軍隊化」には批判的な立場ですが、まずはこういう部隊を出動させればいいはずです。例えば、尖閣諸島に中国の武装集団が上陸したからといって、いきなり自衛隊を出動させれば、中国軍も対抗して出動し、日中間で一気に軍事衝突に発展しかねません。場合によってはこの「グレーゾーンの事態」が戦争に最も近いものといえます。

コラム 「海上保安庁・警察活用論」

海上保安庁にはアメリカ海軍の特殊部隊であるNavy SEALsの協力の下に設置された特殊部隊である特殊警備隊(SST:Special Security Team)が存在し、ドイツ製MP-5サブマシンガンや自衛隊が制式化した89式自動小銃も装備しています。これ以外にも海上保安庁には各管区に設置されている特別警備隊(89式自動小銃を装備)もあります。警察にも8都道府県警(北海道、東京、千葉、神奈川、愛知、大阪、福岡、沖縄)に設置されている特殊部隊(SAT:Special Assault Team)が存在し(ドイツ製MP-5サブマシンガン、89式自動小銃を装備)、全国の機動隊には銃器対策部隊(ドイツ製MP-5サブマシンガンを装備し、一部部隊で89式自動小銃も装備)が設置されています。このように十分な装備のある「海上保安庁と警察の活用論」が政府・与党から出てこないのは、とにかく自衛隊を出したいからだと思われても仕方ありません。

巡視船しきしま(写真／朝日新聞社)

警察の特殊部隊(SAT)の訓練
(写真／朝日新聞社)

第2章 戦争法の問題点とは何か

Q21 PKO法の改正にはどのような問題があるのですか？

A. 憲法のみならず、PKOの枠を越える点で問題があります

　Q19のところで書いたとおり、戦争法の中には改正PKO法も入っています。今回の改正問題を見る前に、まずPKO法自体の問題を見ていきましょう。

　PKO法（国際連合平和維持活動等に対する協力に関する法律）は、1992年に制定されたものです。**憲法9条の下で1954年に自衛隊を発足させた時、参議院では「自衛隊の海外出動を為さざることに関する決議」を全会一致で挙げており、自衛隊のPKOはこの決議との整合性が問われます。**

　また、Q11でも述べたとおり、米ソ冷戦下のPKOは、拒否権を有する米ソなどの対立から国連安保理が十分に機能しない中、北欧やカナダなどによって担われ、派遣先国で停戦が成立し、受け入れ同意があり、活動は中立的立場から非強制・非武装を原則とした活動を行ってきました。そのため、国際社会においてもこのようなPKOに対しては一定の評価があったのです。

　しかし、この**PKOは米ソ冷戦終結後に安保理が機能していく中で変質します**＊。特に、湾岸戦争後のイラク・クウェート停戦監視団（1991年～2003年）から変質し、アメリカのような大国も加わる、派遣先国の受け入れ同意がなくても重武装で強制力を持って活動するタイプのものが登場しました。1992年には、ブトロス・ガリ国連事務総長がPKOの強化として重武装で時に軍事力を行使する平和強制部隊の創設を提案します。

＊PKOの変質とPKF

国際連合平和維持活動（United Nations Peacekeeping Operations）は、国連憲章に直接根拠を持つ国連軍とは違い、国連憲章上に根拠がないからこそ、当初は抑制的な活動にとどめていました。PKOの中には各国警察官の派遣などによる活動もあります が、各国軍隊から構成されるのが国際連合平和維持軍（United Nations Peacekeeping Force）で、このPKFによる活動がエスカレートしていくのです。ただ、1993年のソマリアPKO活動でアメリカは多大な犠牲を出し、翌年にソマリアから撤退しました。

PKO法制定の際には、当時の社会党や共産党、社民連などは国会内で制限時間を大幅に超える討論や牛歩戦術などを行いました。さらに、社会党と社民連は衆議院の解散・総選挙を求めて、日本の憲政史上初めてといわれた、所属する全代議士の議員辞職願をまとめて提出し、徹底抗戦したのです。法制定後も、1992年10月に東京・名古屋・大阪・広島で、カンボジアPKOへの自衛隊派遣の差止、違憲違法の確認、原告への損害賠償を求めたカンボジアPKO違憲訴訟が、1996年1月には東京でゴラン高原PKF違憲訴訟が提訴されます(それぞれ、1997年3月・1999年9月に原告敗訴判決)。

　以上のような国会内外での強い反対の声を受けて、政府・与党もPKO法を制定したものの、PKO法に基づく自衛隊派遣に際しての基本方針として**PKO参加5原則*** を策定しました。他にも、自衛隊のPKO活動は復興支援が中心で、派遣部隊も施設部隊を中心にし、実際の活動も抑制的に行ってきたのです。

　今回の改正PKO法では、PKOに際しての他国PKO部隊員などの救出を行う駆け付け警護や国連施設などを他国軍と共に守る宿営地の共同防護を可能とし、武器使用も自己保存型・武器等防護型から任務遂行型も認める形で拡大しました。さらに、**国連が統括しない停戦監視・安全確保・人道復興支援活動等への参加も可能とする**ものです。したがって、内容的に国連の枠を越えていることから、これは単なるPKO法の「改正」ではなく新法の制定ととらえるべきでしょう。

　そして、改正PKO法を根拠に安倍政権は2016年11月以降、南スーダンへの派遣部隊に駆け付け警護と宿営地の共同防護の新任務を付与しました。南スーダンでは、2016年7月以降内戦が起き、PKO部隊への攻撃も発生し、とてもPKO参加5原則を満たしているとはいえません。南スーダンへの支援は、自衛隊のPKO派遣ではなく、文民の派遣や教育支援、社会インフラ整備などで行うべきです。2017年5月に自衛隊が南スーダンから撤退しましたが、改正PKO法は憲法も従来の政府の方針も大きく超える問題があります。

＊PKO参加5原則
①紛争当事者の間で停戦合意が成立していること。②国連平和維持隊が活動する地域の属する国及び紛争当事者が当該国連平和維持隊の活動及び当該平和維持隊への我が国の参加に同意していること。③当該国連平和維持隊が特定の紛争当事者に偏ることなく、中立的立場を厳守すること。④上記の原則のいずれかが満たされない状況が生じた場合には、我が国から参加した部隊は撤収することができること。⑤武器の使用は、要員の生命等の防護のために必要な最小限度のものに限られること。

第2章 戦争法の問題点とは何か

Q22 米軍等の武器等の防護にはどのような問題があるのですか？

A. 平時から集団的自衛権を行使するという問題があります

　Q20で、「グレーゾーンの事態」を取り上げました。そこでは、第2次安倍政権の安保法制懇報告書の中で、「グレーゾーンの事態」への対処として、「領海での潜没航行外国潜水艦への対応」と「離島等での武装集団による不法行為への対応」というものが入ったことを書きましたが、2015年3月20日の与党合意文書では、「武力攻撃に至らない侵害への対処」として、この2つ以外に「平時からの米軍等の武器等の防護」という項目が入ります。これにより戦争法の中の改正自衛隊法で95条の2が加わります。これはどのような規定なのでしょうか。

　まず、これまでの自衛隊法95条を見てみましょう。以下のような条文です。

（武器等の防護のための武器の使用）

「自衛官は、自衛隊の武器、弾薬、火薬、船舶、航空機、車両、有線電気通信設備、無線設備又は液体燃料（以下「武器等」という。）を職務上警護するに当たり、人又は武器、弾薬、火薬、船舶、航空機、車両、有線電気通信設備、無線設備若しくは液体燃料を防護するため必要であると認める相当の理由がある場合には、その事態に応じ合理的に必要と判断される限度で武器を使用することができる。……」

　新たに加わった95条の2の1項は、以下のような条文です。

（合衆国軍隊等の部隊の武器等の防護のための武器の使用）

「自衛官は、アメリカ合衆国の軍隊その他の外国の軍隊その他これに類する組織（次項において「合衆国軍隊等」という。）の部隊であつて自衛隊と連携して我が国の防衛に資する活動（共同訓練を含み、現に戦闘行為が行われている現場で行われるものを除く。）に現に従事しているものの武器等を職務上警護するに当たり、人又は武器等を防護するため必要であると認める相当の理由がある

場合には、その事態に応じ合理的に必要と判断される限度で武器を使用することができる。……」

　この表題にだまされてはいけません。**表題では「武器等の防護」となっていますが、条文を見ると、「等」には船舶や航空機・車両も入っていることがわかります。「合衆国軍隊等」となっていますが、アメリカ以外の外国の軍隊だけでなく、「その他これに類する組織」も入っているのです。**

　「武器等の防護」と聞くと、武器庫を襲撃された時に武器庫を守るために応戦するイメージがあります。しかし、この条文からすれば、平時に自衛隊と一緒に行動している米軍などの軍隊が、突然攻撃された時に自衛隊が応戦できることになります。平時から自衛隊が米軍などを守るために集団的自衛権を行使できるという、大変巧妙な規定なのです。

［一般的な「武器等の防護」のイメージ］

［95条の2で可能なこと］

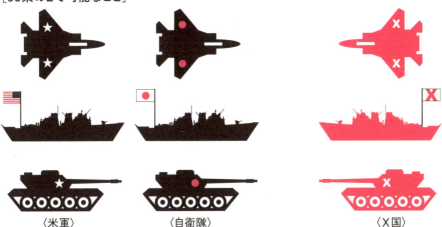

第2章 戦争法の問題点とは何か

Q23 国家安全保障会議とはどのような組織ですか？

A. 内閣の中にいわば小さな内閣を作って緊急事態に対処する組織です

　Q24とQ25で秘密保護法について見ますが、これは2013年の臨時国会で制定された法律です。この制定前、国会内外での反対の声が強く、臨時国会では国家安全保障会議設置法の審議もあるため、制定は無理だろうとの見方もありました。しかし、野党第1党の民主党が反対しなかったため、あっけなく制定されたのが国家安全保障会議設置法です。

　では、国家安全保障会議とは何でしょうか。第1次安倍政権でも検討しながら、安倍首相の辞任で立ち消えになったのですが、第2次安倍政権の2013年6月に国家安全保障会議設置法案（「**安全保障会議設置法等の一部を改正する法律案**」）が提出されました。

　この**安全保障会議とは、1986年に設置された組織で、首相と8人の閣僚（総務相・外務相・財務相・経済産業相・国土交通相・防衛相・官房長官・国家公安委員長）から構成され、国防や重大緊急事態への対処に関する重要事項を、閣議より少数の構成員で迅速に判断するための組織でした**。自民党は1980年代から国家安全保障会議設置論を展開し、中曽根政権下の1985年臨時行政改革推進審議会（行革審）答申の中に、「内閣の総合調整機能の在り方」として緊急事態の対処体制の確立を求める項目があり、ここで安全保障会議の設置を提案したのです（「国家」を前面に押し出す構想に批判が出たため、途中から名称を「国家安全保障会議」から「安全保障会議」に変えました）。

＊ミグ25事件、大韓航空機撃墜事件、ダッカ・ハイジャック事件

ミグ25事件とは、1976年9月にソ連の現役中尉がミグ25戦闘機で日本の領空を侵犯し、函館空港に強行着陸し、亡命を求めた事件。大韓航空機撃墜事件とは、1983年9月に韓国の大韓航空機がソ連の領空を侵犯したため、ソ連の戦闘機により撃墜された事件。ダッカ・ハイジャック事件とは、1977年9月に日本赤軍が日本航空機をハイジャックして、バングラデシュのダッカにある空港に強行着陸した事件。

この安全保障会議は、アメリカの国家安全保障会議（NSC）をモデルにしたものです。当時、重大緊急事態の例として政府があげたのは、ミグ25事件、大韓航空機撃墜事件、ダッカ・ハイジャック事件*、関東大震災の4例でした。

　2013年の国家安全保障会議設置法では、「国家安全保障に関する外交政策及び防衛政策の基本方針並びにこれらの政策に関する重要事項」の審議については、安全保障会議よりメンバーを絞った首相・外務相・防衛相・官房長官だけでできるようにしたのです。また、情報集約機能の強化と各省庁からの情報提供義務も課すことになりました。

　1980年代の安全保障会議設置論に対してあった議論は、この会議が日本国憲法の下での議院内閣制を形骸化しかねないという点でした。すなわち、憲法41条は「国会は、国権の最高機関」と位置づけ、66条3項は「内閣は、行政権の行使について、国会に対し連帯して責任を負ふ」とすることで、日本は国会の信任に基づいて内閣が成立する議院内閣制を採用していることがわかります（他にも、憲法67条により内閣総理大臣を国会議員の中から国会が指名し、68条により国務大臣の過半数は国会議員であり、69条により衆議院に内閣不信任決議権を認めています）。そして、内閣法4条は「内閣がその職権を行うのは、閣議によるものとする」とし、6条は「内閣総理大臣は、閣議にかけて決定した方針に基づいて、行政各部を指揮監督する」としているのです。

　とすると、安全保障会議以上に国家安全保障会議は、安全保障に関する実質的な審議をより少数の閣僚らによって行う体制に変え、閣議をより形式的なものにする可能性があります。つまり、内閣の中にいわばさらに小さな内閣を作るようなものです。ちなみに、1980年代に中曽根首相は、イギリスのサッチャー首相のような「大統領的首相」*になりたいと発言していました。まさに、安倍政権の下で国家安全保障会議は首相の権限強化＝「大統領的首相」化を可能にした組織なのです。

---

*「大統領的首相」
日本で大統領制を導入するには憲法改正が必要ですが、憲法改正が可能だとしても、自民党はそのような憲法改正をする気はありません。なぜなら、国際的に大統領は国家元首として扱われるので、天皇を元首としたい自民党としてはそれは困るからです（ただし、憲法学界の中には天皇を国家元首とする考え方には異論があります）。だから、議院内閣制の下で首相の権限を大統領並みに強化するために中曽根首相は「大統領的首相」論を展開したのです。

第2章　戦争法の問題点とは何か

Q24 秘密保護法とはどのような法律なのですか？

A. 防衛・外交・警察情報を行政機関が一方的に秘密指定してしまう法律です

「戦争は秘密から始まる」とよくいわれることがあります。戦前に軍事秘密を保護するために1899年に制定された軍機保護法は1937年に全面的に改正され、また、広範な国家秘密を保護するために1941年に国防保安法が制定されました。そのような中、1931年の満州事変*は1937年からの日中戦争、その後の第2次世界大戦（ドイツは1939年から、日本は1941年から参戦）へと発展していきます。戦後も1964年のベトナムでのトンキン湾事件*をきっかけに米軍は北爆を開始しましたが、この事件をアメリカが仕組んだことが明らかになるのは1971年のことです。このように、戦争と秘密は結びつきやすいので、ここでは安倍政権が制定した秘密保護法について見てみましょう。

安倍政権は2013年12月6日に「特定秘密の保護に関する法律」（「秘密保護法」）を制定しました（2014年12月10日施行）。この秘密保護法は、国家の安全保障に関する防衛・外交・警察情報を行政機関が一方的に秘密指定し、これを漏えいしたり、取得したりする行為を最高で懲役10年に処するものです。また、秘密を扱う者に対しては、身辺調査を行う適性評価制度も導入しました。

結局、本法によって、①主権者国民（憲法前文・1条）の知る権利（憲法21条）を制限し、②国家情報にアクセスするメディアの取材の自由・報道の自由（憲法21条）を制限し、③適性評価対象者のプライヴァシー権（憲法13条）を制限

---

* 満州事変とトンキン湾事件

1931年9月18日に、関東軍が中国の柳条湖で満州鉄道を自ら爆破しながら、これを中国軍の仕業とし、「自衛のため」と称して満州全域を占領し、満州国を作るにいたったのが満州事変。1964年8月に、米海軍がベトナムのトンキン湾で北ベトナム軍から攻撃を受けたと事実をねつ造し、米軍による北ベトナムへの報復爆撃にいたったのがトンキン湾事件。どちらも、その後の日中戦争・第2次世界大戦とベトナム戦争という本格的な戦争に発展したことと、「戦争は秘密から始まる」という点で共通しています。

し、④国民の代表機関(憲法43条)である国会を構成する両議院の国政調査権(憲法62条)を制限し、⑤裁判になっても非公開で裁判することで裁判公開の原則(憲法82条)を崩し、⑥そもそも非軍事が原則の憲法の平和主義(憲法9条)を歪めることになります。

国民主権・民主主義国家においては、主権者国民が自由な情報流通が保障された中で国政に関与するものです。しかし、本法はこれを否定するものであり、**国民主権、基本的人権の尊重、三権分立、民主主義、平和主義などとの関係でことごとく反憲法的な法律**といえます。

2019年6月の政府の報告によると、2018年末現在で、実際に指定した機関は11機関で、これまでの件数は、551件(防衛省319件、内閣官房81件、外務省38件、警察庁38件、公安調査庁22件、海上保安庁19件、防衛装備庁17件、総務省7件、国家安全保障会議5件、経済産業省4件、法務省1件。内閣府、国家公安委員会、金融庁、消防庁、公安審査委員会、財務省、厚生労働省、資源エネルギー庁、原子力規制委員会は指定がありませんでした)とのことです。この件数を見ると、指定された秘密は少ない印象を与えますが、これは項目を1件として数えるためだからです。従来、政府が秘密基準として運用してきた「特別管理秘密」は文書や写真を1点ずつ1件と数え、2013年末現在で約47万件もありました。

適性評価については、2018年1年間の実施件数(適性評価を実施し、その結果を評価対象者に通知した件数)は2万1330件で、その内訳は、行政機関の職員等への実施件数が2万800件(防衛省1万8555件、警察庁959件、防衛装備庁271件、内閣官房300件、外務省224件など)、適合事業者の従業者(防衛産業などの民間人)への実施件数が530件でした(適性評価を受けることに同意しなかった件数が政府全体で5件、途中で同意を取り下げた件数が0件)。

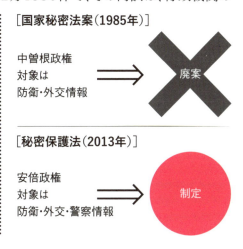

[国家秘密法案(1985年)]
中曽根政権
対象は
防衛・外交情報
→ 廃案

[秘密保護法(2013年)]
安倍政権
対象は
防衛・外交・警察情報
→ 制定

第2章　戦争法の問題点とは何か

Q25 秘密保護法と戦争法が結びつくとどうなるのですか？

A. 国会にも国民にも情報を知らせないで戦争に突入する危険性があります

　この秘密保護法と戦争法とが結びつくとどうなるのでしょうか。2000年代の2つの戦争から考えてみましょう。

　2001年の「9・11事件」に対してアメリカ主導のアフガン戦争が行われ、NATO軍なども集団的自衛権を名目にアフガン戦争に加わりました。しかし、そもそも「9・11事件」の真相（実行犯は誰か）が定かではありませんでしたし、実行犯がアフガニスタンにいたか否かも定かではありませんでした（そもそも、犯罪である「テロ」に軍隊が対応すること、「報復戦争」を行うこと、犯罪者の引き渡しがなされない時に犯罪者がいる国に戦争をしかけること自体が国際法上問題があります）。**2003年のイラク戦争につながったイラクの大量破壊兵器保有疑惑*はアメリカによる嘘でした。**

　しかし、この2つの戦争は正確な情報が明らかにされないままアメリカが行い、他国が支援したのです。秘密保護法と戦争法が結びつけば、事実関係が明らかにされないまま、日本もアメリカの戦争に参加することになるのではないでしょうか。

　この点で、特に自民党（＋公明党）政権は本当に信用できるのでしょうか。**西山記者事件*（1972年）**で問題になった、アメリカが沖縄を日本に返還するにあたっての日米間の密約について、アメリカが2000年に情報公開によって、また日本でも当時の当事者（吉野文六元外務省アメリカ局長）が密約の存在を2006

＊イラクの大量破壊兵器保有疑惑
1991年の湾岸戦争後も、イラクのフセイン政権が国連安保理決議に違反して生物・化学兵器などの大量破壊兵器の開発・保有をほのめかし、査察に対して非協力や妨害・違反を繰り返したため、アメリカとイギリスはイラクが大量破壊兵器を保有していると考え、戦争になりました。しかし、戦争後、イラクを占領した有志連合軍と国連が捜索活動を行いましたが、大量破壊兵器は見つかりませんでした。

年に認めたのに、歴代の自民党（＋公明党）政権は密約の存在をずっと否定し続けました。この密約の一部存在を政府が認めたのは、民主党政権になった後、2010年になってからのことです。

　最近の出来事としては、2015年2月に、「イスラム国」の人質になった湯川遙菜さんと後藤健二さんの日本人2人が殺害されました。湯川さんの拘束が明らかになったのが2014年8月、後藤さんの行方不明を政府が「認知」したのが2014年12月といわれていますが、それぞれの事件に対する政府の対応や2015年1月の安倍首相の中東訪問とこの時の演説（エジプトで「イスラム国」対策のため周辺国に経済支援するとし、イスラエルでユダヤ民族の象徴であるダビデの星をあしらったイスラエル国旗をバックに演説したこと）が適切であったのか否かが問われています。

　またこれに関連し、2015年2月4日の衆議院予算委員会で安倍首相は、この人質事件に関する情報に特定秘密は何件あったのか、いずれ全ての情報を公開してほしいと野党議員から質問されたことに対して、「外国における邦人に対するテロ事件であることから、これらの今申し上げた事項に該当し得る情報が含まれ得るわけでございますが、一々の事案について、これは含まれるかどうかということについては、答弁を差し控えさせていただきたい」と答えました。これでは政府にとって都合の悪い情報については、何でも可能性だけで秘密保護法によって隠すことができてしまいます。

　集団的自衛権行使を容認した2014年7月1日の閣議決定の第1要件には、「我が国と密接な関係にある他国に対する武力攻撃が発生し、これにより我が国の存立が脅かされ、国民の生命、自由及び幸福追求の権利が根底から覆される明白な危険がある場合」という文言がありますが、結局、どういう事態がいわゆる「存立危機事態」なのかを判断するにあたっての情報を、国会にも国民にも知らせないで一方的に政府が決定する可能性があるのではないでしょうか。秘密保護法と戦争法が結びつくと危険です。

＊**西山記者事件**

1971年に佐藤栄作政権がアメリカと沖縄返還協定を締結した際に、本来アメリカが負担すべき費用を日本が負担するなどの「密約」があったことを、西山太吉毎日新聞政治部記者が社会党議員に情報提供して発覚した事件。政府は密約を否定し、検察は西山記者と情報を提供した外務省女性事務官をそれぞれ国家公務員法の教唆罪と機密漏洩罪で逮捕し、「密約」に対する批判をかわしました。

第2章　戦争法の問題点とは何か

Q26 戦争法は憲法との関係でどのような問題があるのですか？

A. 手続面でも内容面でも憲法上多岐にわたる問題があります

　では、戦争法は憲法との関係でどのような問題があるのでしょうか。手続面と内容面から見ていきましょう。

　まず、手続面ですが、Q15で述べたことと同じ問題、すなわち、**本来なら憲法9条に関わることですから憲法96条に従った憲法改正が必要なのに、その手続に則らなかったという問題があります**。Q15で見たとおり、憲法96条では憲法改正の発議には各議院の総議員の3分の2以上の賛成が必要ですが、法律の制定は基本的に**憲法56条と59条***によって、各議院の出席議員の過半数の賛成で可能です。しかも、議事の定足数は総議員の3分の1以上ですから、憲法改正と比べるとハードルが大変低いのです。

　それでも、自民党などは民主主義的に国会の多数決で制定したのだからと正当化するでしょう。しかし、特に衆議院の小選挙区制は民意を忠実に反映しない選挙制度です。例えば、2017年の衆議院選挙では自民党が「圧勝」しましたが、小選挙区部分は48.21％の得票率で75.43％の議席を獲得できました。**憲法学界には、望ましい選挙制度は小選挙区制ではなく比例代表制であるという議論もあります***。そうであれば、特に憲法上重要な問題については数の力で強引に制定すべきではないでしょう。

　次に、内容面ですが、Q22で見たとおり、平時から自衛隊が米軍などを守るために集団的自衛権を行使できるという問題があります。また、Q21で見たとおり、

---

*第56条
「①　両議院は、各々その総議員の三分の一以上の出席がなければ、議事を開き議決することができない。
②　両議院の議事は、この憲法に特別の定のある場合を除いては、出席議員の過半数でこれを決し、可否同数のときは、議長の決するところによる。」

*第59条
「①　法律案は、この憲法に特別の定のある場合を除いては、両議院で可決したとき法律となる。」

改正PKO法では、従来のPKO法にはなかったPKO活動をするだけでなく、PKOとは無関係の国連が統括しない停戦監視・安全確保・人道復興支援活動等への参加も可能とする問題があります。

　他にも、Q17で見たガイドライン再改定によって、**従来の周辺事態法は重要影響事態法に改正されました**。この中で、周辺事態法の「周辺」という事実上の地理的制約が削除され、**「後方地域」「非戦闘地域」はやめて「現に戦闘行為を行っている現場」以外での「後方支援」**が実施可能になりました。しかも、**米軍だけでなく米軍以外の他国軍隊も支援（弾薬の提供・発進準備中の航空機などへの燃料補給も）可能になった**のです。

　以前、アフガン戦争の際にはテロ対策特措法、イラク戦争後にはイラク特措法を制定して自衛隊が米軍支援を行いました。両者は時限立法のため、制定はその都度行う必要があります。今回は**新たに恒久法として国際平和支援法を制定**し、「国際平和共同対処事態」（「国際社会の平和及び安全を脅かす事態であって、その脅威を除去するために国際社会が国際連合憲章の目的に従い共同して対処する活動」）に自衛隊を出せるようになりました。実際に、陸上自衛隊の幹部自衛官2人をエジプト・シナイ半島でイスラエル・エジプト両軍の停戦維持を監視する「多国籍軍・監視団」(The Multinational Force and Observers:MFO)に2019年4月から派遣しています。これは、PKOとも違う、国連が統括しない任意の国による軍事的活動という問題があります。

　そして、**改正自衛隊法では、従来の3条が「自衛隊は、我が国の平和と独立を守り、国の安全を保つため、直接侵略及び間接侵略に対し我が国を防衛することを主たる任務とし……」と規定していたのに、この下線部を削除し、集団的自衛権行使を可能にしました**。また、自衛隊法76条の自衛隊の防衛出動の要件に「存立危機事態」も追加しています。

　以上、戦争法は本当に多岐にわたる問題があります。特に、従来の政府が否定してきた集団的自衛権行使を法律上可能にした点で違憲立法といえます。

＊**憲法学界における選挙制度の議論**

憲法43条1項は、「両議院は、全国民を代表する選挙された議員でこれを組織する」と規定しています。憲法学界ではこの「代表」には「政治的代表」と「社会学的代表」の2つ、「議員は特定選挙区の代表ではない」「議会は民意を忠実に反映しなければならない」という意味があると考えます。この「社会学的代表」の捉え方からすれば、憲法上望ましいのは比例代表制になります。

第2章 戦争法の問題点とは何か

Q27 朝鮮と中国の脅威を考えると戦争法が必要なのではないですか？

A. 過剰な朝鮮・中国脅威論は「バカ派」の議論であり、戦争法もいりません

　2014年7月1日の集団的自衛権行使を容認した閣議決定後の記者会見で、安倍首相はこんなことをいっています。

　「集団的自衛権が現行憲法の下で認められるのか。そうした抽象的、観念的な議論ではありません。現実に起こり得る事態において国民の命と平和な暮らしを守るため、現行憲法の下で何をなすべきかという議論であります。

　例えば、海外で突然紛争が発生し、そこから逃げようとする日本人を同盟国であり、能力を有する米国が救助を輸送しているとき、日本近海において攻撃を受けるかもしれない。我が国自身への攻撃ではありません。しかし、それでも日本人の命を守るため、自衛隊が米国の船を守る。それをできるようにするのが今回の閣議決定です。」

　この時に使ったパネルを見ると、米軍艦船が在外邦人を輸送し、この艦船が攻撃を受けた場合に自衛隊が守るのだというのです。しかし、防衛省の研究機関である防衛研究所の『防衛研究所紀要』（2002年2月）に掲載された「軍隊に

2014年7月1日、記者会見を行う安倍首相（写真／朝日新聞社）

よる在外自国民保護活動と国際法」によると、「アメリカの自国民救出活動の特徴は、国籍による優先順位があることである。順位はアメリカ国籍保持者、アメリカグリーンカード（永住権）保持者、イギリス国民、カナダ国民、その他国民の順である」としているとのこと。しかも、1997年のガイドライン改定の際、日本政府が米国の実施する項目として「米軍による邦人救出」を要請したら、断られたというのです（以上、『しんぶん赤旗』2014年6月17日）。安倍首相は朝鮮有事を想定していっているようですが、これはありえない想定なのです。

　そもそも、本当に朝鮮*や中国が日本を攻撃するのでしょうか。以前、朝鮮が「ミサイル」発射*していたのは、アメリカを交渉のテーブルに着かせるための行為であって、日本を攻撃するとは思えません。そんなことをしたら、朝鮮は全世界を敵に回し（朝鮮は中国が反対する戦争はできません）、金正恩体制は一気に崩壊します。

　中国はどうでしょうか。米中・日中の輸出入の関係など相互依存関係がある中で、米中と日中間でいきなり戦争が始まるでしょうか。しかも、世界で一番アメリカの国債を持っているのは中国ですし、戦争が違法化されている国連憲章の下で、さすがに中国もいきなり日本を攻撃することはありえないでしょう。

　元朝日新聞記者で軍事ジャーナリストの田岡俊次氏が、当時の防衛庁で流行った「タカ派というよりバカ派」という言い方を紹介しながら、過剰な中国・朝鮮脅威論を唱える人々を「バカ派」と表現しています（田岡俊次『北朝鮮・中国はどれだけ恐いか』朝日新書、2007年）。朝鮮・中国脅威論は、ソ連脅威論がソ連崩壊によってなくなったから出てきた議論ではないでしょうか。本当に「バカ派」が多いのが残念です。

---

* 朝鮮

「朝鮮民主主義人民共和国」を「北朝鮮」と表現する人が多いですが、この表現は東西ドイツのように、「大韓民国」を「南朝鮮」と表現して成り立つものです。また、「北朝鮮」の表現には、日韓基本条約（1965年）で「大韓民国」を「朝鮮にある唯一の合法的な政府」とした政治的背景もあります。ただ、「南朝鮮」も一般的ではないので、私は南北朝鮮をそれぞれ「韓国」「朝鮮」と表現しています。

*「ミサイル」発射

1990年代以降の朝鮮の行為について、「『テポドン』という『ミサイル』の発射」といわれていました。しかし、「テポドン」はアメリカのコードネームであって、朝鮮は「白頭山」「銀河」という名称を付けているのですから、朝鮮の表現に従うべきでしょう。また、その多くはアメリカや韓国も「ロケットによる人工衛星の打ち上げと失敗」と見ているのに、日本が「ミサイル発射」と騒いでいるのは異様でした。

第3章

9条等改憲の問題点とは何か

第3章 9条等改憲の問題点とは何か

Q28 憲法96条改正先行論には他にどのような問題がありますか?

A. 自民党も安倍首相も都合のいい議論しかしていません

　Q10で、憲法96条改正先行論の問題点について簡単に触れましたが、他にどのような問題があるのでしょうか。

　自民党の2012年の「日本国憲法改正草案」を解説するQ&Aでは、日本国憲法のことを「世界的に見ても、改正しにくい憲法」とし、「国民に提案される前の国会での手続を余りに厳格にするのは、国民が憲法について意思を表明する機会が狭められることになり、かえって主権者である国民の意思を反映しないことになってしまう」といいます。「世界的に見ても、改正しにくい憲法」という点については、Q10で見たとおりです。また、安倍首相は、「国民投票をして言わば6割、7割の国民の皆さんが変えたいと思っていても、たった3分の1をちょっと超える国会議員が反対をしていれば、それは国民は一切指一本触れることができないのはおかしい」(2013年4月22日参議院予算委員会)と述べました。この安倍首相の説明が「おかしい」ので、以下説明していきます。

　まず、自民党のQ&Aでは国民の意思の表明機会が少ないといいますが、**憲法改正での国民投票は国会の発議に対する賛成か反対かの表明だけであって、国民が国会の憲法改正案を修正したり、個別の意見をいえるわけではありません**。国民の意思の反映は最初からかなり限定されています。

　また、これまで沖縄の基地問題以外にも地方自治体で産廃施設・ダム・原発などの建設を巡って、住民にその意思を問う住民投票がありました。これに対して自民党は、日本は議会制民主主義(間接民主主義)が基本だからという理由で、住民投票を批判してきたのです。**憲法改正の時だけ国民の意思が大事だというのはかなりご都合主義的**です。

　さらに、Q26で述べたとおり、**衆議院の小選挙区制は民意を忠実に反映して**

いません。自民党が国民の意思の反映の重要さをいうのであれば、選挙制度は民意を忠実に反映する比例代表制の導入を唱えるべきです。この衆議院の小選挙区制自体、この間、各地の高等裁判所で一票の格差問題について違憲状態判決や違憲判決、無効判決が相次いでおり、最高裁も最大格差が2倍を超えた2009年・2012年・2014年衆議院選挙で違憲状態判決を出しました。

そして、自民党の96条改正案についてですが、日本国憲法では、法律案など議院の議事は議院における出席議員の過半数の賛成を必要としています（56条2項）。しかし、慎重に決定しなければならない重要な事項については、議院における出席議員の3分の2以上の特別多数の賛成を必要としています。具体的には、被選挙権の存在など議員としての地位を保持しうる要件を争う議員の資格争訟（55条）、公開が原則の会議を非公開にする秘密会の開催（57条1項）、議員の除名（58条2項）、法律案の参議院否決後の衆議院での再議決（59条2項）です。さらに、最も重要な憲法改正には、各議院の憲法改正の発議を議院における出席議員ではなく総議員とした上で、3分の2以上の特別多数の賛成を必要としているのです（96条1項）。

とすると、**各議院の憲法改正発議要件を議院における総議員の過半数の賛成にするという96条改正案は、出席議員数によっては憲法改正の発議より会議における秘密会の開催決定の方が難しいというおかしなことが生じることになります。**やはり、この96条改正論は憲法改正を簡単にし、国民に憲法改正を経験させることで、その先の9条改正や全面改正を狙うものです。このような多々問題のある改正論を認めるわけにはいきません。

コラム 小選挙区制

一選挙区から一人しか当選しない小選挙区制は、当選には結びつかない大量の死票を生み出すデメリットがあります。この点で、比例代表制は死票が少なく、民意を忠実に反映する選挙制度といえます。確かに、比例代表制は多党乱立により政権が不安定になるデメリットもあり、小選挙区制か比例代表制かは政治的判断の問題ともいえます（どちらを取るかは諸外国でも分かれるので、小選挙区制＝違憲とまではいえません）。しかし、Q26注で触れましたが、憲法43条1項で「両議院は、全国民を代表する選挙された議員でこれを組織する」と規定しており、この「代表」は国民意思と代表者意思の事実上の類似性を社会学的に考えようという「社会学的代表」であるという考え方が憲法学にはあります。この観点から望ましい選挙制度は、国民の多様な意思をできるかぎり国会に反映させる選挙制度であり、何度もいうように、比例代表制でしょう。

第3章　9条等改憲の問題点とは何か

Q29 憲法改正手続法にはどのような問題がありますか？

A. 勧誘広告規制が不十分な一方、公務員・教員の運動規制があります

　いざ憲法改正となると、具体的には憲法改正手続法に従って事態が進みます。この憲法改正手続法は、差し迫った憲法改正の状況がなかったのに、第1次安倍政権の2007年に憲法改正の際の国民投票の規定などを定める法律として制定されました。

　まず、この法律が憲法改正に際しての国民投票について規定していることから、マスコミなど一般的に「国民投票法」と表現していますが、疑問です。この法律の正式名称は「日本国憲法の改正手続に関する法律」であって、どこにも「国民投票」という文言はありません。また、確かに国民投票に関する規定が大部分を占めていますが、憲法審査会に関する規定もあり、内容面でも「国民投票法」というのは正確ではありません。略して表現をするなら、「憲法改正手続法」や「改憲手続法」が妥当でしょう。

　憲法改正手続法を見た場合、注目すべきはその附帯決議の多さです。2014年の同法改正時に、衆議院で7項目、参議院で20項目も付いています。すなわち、それだけ議論すべきことがありながら、急いで制定されてしまったということがわかります。項目としては、憲法改正以外の国民投票をどうするのか、改憲項目の中の関連する項目をどのように判断するのか、最低投票率制度をどうするのか、国民投票運動に対する罰則規定を明確化することなどがあげられています。特に問題なのは、投票14日前までの勧誘広告規制がないことです。ということは、

＊公務員の政治活動

そもそも憲法28条で、労働者（勤労者）には団結権・団体交渉権・団体行動権といった労働基本権が保障されているのに、公務員の種類にもよりますが、公務員は労働基本権が大幅に制限されています。さらに、公務員法で公務員の政治活動を規制しており、郵便局員が勤務時間外に政治活動をしたことで起訴された裁判で、最高裁はこの公務員法を合憲としています。欧米では信じられない制限です。

お金のある財界がバックについた改憲派は大量の広告を出すことができるのに、お金のない市民など改憲反対派は広告を出せず、不公平です。

　また、**憲法改正手続法の公務員の運動規制に問題があります**。確かに、国民投票の事務を行う選挙管理委員会の委員等の規制は、国民投票の公正さを担保するためにやむをえない部分があるとしても、その他の公務員が勤務時間外に一市民としても組織としても運動することは何ら問題ないはずです。**他の先進諸国では公務員の政治活動が大幅に認められているのに、日本では公務員法によって大幅に規制されています**＊。

　さらに、罰則規定はないものの、**憲法改正手続法では学校教育法上の学校の教育者が、教育上の地位を利用して国民投票運動を行うことを禁止しています**。これでは、授業の一環として教員が児童・生徒・学生に憲法改正や国民投票について話すことや考えさせることも規制されかねません。さらに、大学・大学院・短大・高専などの高等教育機関の教員にとっては深刻な問題があります。小中高校の教員については、児童・生徒の判断・批判能力が生成途上ということもあり、**憲法23条から保障される教育の自由に一定の制約がありますが、大学等の教員には全面的に保障されています**＊。したがって、憲法研究者であれば、専門家として（「教育上の地位を利用して」）授業で積極的に発言することもあるのに、運動規制規定はこのような行為を大幅に制限する危険性があります。欠陥・問題だらけの法律の下で国民投票をすべきではありません。

[こんなにたくさんある衆参の附帯決議]

＊ **教育の自由**
厳密には、「教授の自由」（教授は職名ではなく、「教授する」の名詞形で使用しています）は、大学などの教員には全面的に保障され、小中高校教員には一定の範囲で認められているものです。この違いは、大学などの教員はまずもって自由な研究を保障されなければならない研究者であるのに対して、小中高校教員はある程度全国で同じような教育を担う教育者であるという違いからきています。

第3章　9条等改憲の問題点とは何か

Q30 安倍首相の「9条加憲論」とは何でしょうか？

A. 9条の1項と2項は残して自衛隊の存在を明記する条文を追加するものです

　2017年5月3日の改憲派である民間憲法臨調・美しい日本の憲法をつくる国民の会共催の第19回公開憲法フォーラムで、安倍首相は突然、9条改憲についてこんなメッセージを寄せました。

　「……自衛隊の姿に対して、国民の信頼は9割を超えています。しかし、多くの憲法学者や政党の中には、自衛隊を違憲とする議論が、今なお存在しています。『自衛隊は、違憲かもしれないけれども、何かあれば、命を張って守ってくれ』というのは、あまりにも無責任です。／私は、少なくとも、私たちの世代の内に、自衛隊の存在を憲法上にしっかりと位置づけ、『自衛隊が違憲かもしれない』などの議論が生まれる余地をなくすべきである、と考えます。／もちろん、9条の平和主義の理念については、未来に向けて、しっかりと、堅持していかなければなりません。そこで、『9条1項、2項を残しつつ、自衛隊を明文で書き込む』という考え方、これは、国民的な議論に値するのだろう、と思います」。

　この**安倍首相発言**＊を受けて、**自民党憲法改正推進本部を中心に「憲法9条の従来の政府解釈を動かさないで自衛隊を憲法に位置付ける」ための議論が展開されます**。これがいわゆる「9条加憲論」ですが、以前から公明党が9条について、「専守防衛、個別的自衛権の行使主体としての自衛隊の存在を認める記述

＊**安倍首相発言**
この時、安倍首相は、「憲法は、国の未来、理想の姿を語るものです」ともいっています（その後もずっと同じことをいっています）。確かに、日本国憲法は前文で理想も語っていますが、「立憲主義的な憲法の定義のなかに、理想はない。特定の理想を書き込まないのが、理想の憲法だ」（石川健治東京大学教授『朝日新聞』2017年5月19日朝刊）との批判があるとおり、憲法は国家権力制限規範であり、まず理想を語るものではありません。この時の締めの言葉が、「憲法改正に向けて、ともに頑張りましょう」ですが、これは憲法99条の公務員の憲法尊重擁護義務違反です。

を置くべきではないか、との意見がある。第一項の戦争放棄、第二項の戦力不保持は、上記の目的をも否定したものではないとの観点からである。ただ、すでに実態として合憲の自衛隊は定着しており、違憲とみる向きは少数派であるゆえ、あえて書き込む必要はないとの考えもある。」(2004年6月16日公明党憲法調査会「論点整理」)といっていました。

さらに、今回の安倍首相の「加憲」論に影響を与えていると思われるのが、日本会議常任理事・政策委員で、安倍首相のブレーンといわれている伊藤哲夫日本政策研究センター代表の主張*です。伊藤氏は、日本政策研究センター発行の『明日への選択』2016年9月号掲載の論文(「『三分の二』獲得後の改憲戦略」18頁以下)で、こう論じています。

「……提案したいと考えるのが、改憲を更に具体化していくための思考の転換だ。一言でいえば、『改憲はまず加憲から』という考え方に他ならないが、ただこれは『三分の二』の重要な一角たる公明党の主張に単に適合させる、といった方向性だけに留まらないことをまず指摘したい。むしろ護憲派にこちら側から揺さぶりをかけ、彼らに昨年のような大々的な『統一戦線』を容易には形成させないための積極戦略でもあるということなのだ」「……筆者がまずこの『加憲』という文脈で考えるのは、……憲法第九条に三項を加え、『但し前項の規定は確立された国際法に基づく自衛のための実力の保持を否定するものではない』といった規定を入れること」「……これはあくまでも現在の国民世論の現実を踏まえた苦肉の提案であるということだ。国民世論はまだまだ憲法を正面から論じられる段階には至っていない。とすれば、今はこのレベルから固い壁をこじ開けていくのが唯一残された道だ、と考えるのである。つまり、まずはかかる道で『普通の国家』になることをめざし、その上でいつの日か、真の『日本』にもなっていくということだ。」

ここから読み取れることは、改憲派として本当は9条2項を削除・改正したいけれど、それだと他の野党や国民が乗ってこないから今回の2項維持+「加憲」を提案し、「加憲」の後に、さらなる改憲を考えているということです。

---

* 伊藤哲夫日本政策研究センター代表の主張

伊藤氏は、伊藤哲夫他『これがわれらの憲法改正提案だ　護憲派よ、それでも憲法改正に反対か?』(日本政策研究センター、2017年)の冒頭プロローグでは、「……三分の二の合意形成という目標です。そのためには公明党あるいは日本維新の会、更に言えば民進党の一部だって巻き込んで行けるような、そんな項目というものをまず求めるといった議論が、当然ここでは求められる」とまでいっています。

第3章 9条等改憲の問題点とは何か

Q31 今回の「9条加憲論」は戦後の改憲論の中でどのように位置づけることができるのでしょうか？

A. 手強い改憲論ですが、改憲論としては平和運動により後退させられています

では、従来の自民党の9条改憲案はどういうものだったのでしょうか。

まず、2005年10月28日発表の「新憲法草案」*では、9条1項を残しつつ、2項は削除し、9条の2で「我が国の平和と独立並びに国及び国民の安全を確保するため」と「国際社会の平和と安全を確保するために国際的に協調して行われる活動及び緊急事態における公の秩序を維持し、又は国民の生命若しくは自由を守るための活動を行う」「自衛軍」の保持をうたいました。

これが2012年4月27日発表の「日本国憲法改正草案」*では、基本的に9条1項を残しつつ、2項に「前項の規定は、自衛権の発動を妨げるものではない」という規定を置き、9条の2で「我が国の平和と独立並びに国及び国民の安全を確保するため」と「国際社会の平和と安全を確保するために国際的に協調して行われる活動及び公の秩序を維持し、又は国民の生命若しくは自由を守るための活動を行う」「国防軍」の保持をうたいます。名称も、自衛隊の継承組織をイメージした「自衛軍」から、いかつい表現に変わりました。この改憲案を説明する自民党のQ&Aでは、この自衛権の中に集団的自衛権も含まれると解釈しているので、この改憲案は国防軍が全面的な集団的自衛権を行使することになります。

自民党改憲案以外の戦後の条文形式の改憲案を渡辺治編著『憲法改正問題資料』（旬報社、2015年）から見ていくと、9条1項から変えていく案を除いても、9条1項（原則）維持・2項改正案は、渡辺経済研究所憲法改正研究委員会

＊「新憲法草案」と「日本国憲法改正草案」

「新憲法草案」の時、当初は天皇元首化や家族規定、国民の国防規定など、復古色を出そうとしていたわけですが、党内リベラル派によって、そのような復古色を断念したといわれています。しかし、「日本国憲法改正草案」は、民主党政権の時だったので、自民党は「日本らしさを踏まえ、自らが作る日本国憲法」というように、民主党との差異化と保守層へのアピールから復古色を前面に出します。

「憲法改正要点の試案」（1953年2月）、中曽根康弘「高度民主主義民定憲法草案」（1961年1月）、大石義雄（京都大学教授・憲法学）「日本国憲法改正試案」（1962年7月）、自由民主党憲法調査会「自民党憲法調査会中間報告」（1982年8月）、中川八洋（筑波大学教授・政治学）「日本国憲法〈草案〉」（1984年5月）、読売新聞社「憲法改正試案」（第1次）（1994年11月）、木村睦男（自主憲法期成議員同盟会長）「平成新憲法」（1996年4月）、山崎拓（自民党幹事長）「新憲法試案」（2001年5月）、中谷元が陸上自衛隊幹部に作成させた「憲法草案」（2004年10月）、世界平和研究所（中曽根康弘会長）「憲法改正試案」（2005年1月）、鳩山由紀夫「新憲法試案」（2005年2月）、創憲会議（民主党内旧民社党・同盟グループ）「新憲法草案」（2005年10月）と、かなりあります。

　これに対して、9条1項2項維持・3項追加案は、以下の2つぐらいしかありません。自主憲法期成議員同盟が竹花光範（駒澤大学教授・憲法学）に作成を依頼した「第一次憲法改正草案〈試案〉」（1981年10月）＊と自主憲法期成議員同盟・自主憲法制定国民会議「日本国憲法改正草案」（1993年4月）＊です。

　安倍首相としては、国会内で改憲派が3分の2以上を占めた中でとにかく改憲をしたかったということなのでしょう。公明党だけでなく、他の野党、さらには護憲派に揺さぶりをかけてでも改憲を目指している点で、手強い改憲論ともいえます。これまで安倍首相は、Q09で触れたこと以外でも、防衛省の設置、憲法改正手続法の制定、武器輸出禁止3原則の変更、集団的自衛権行使の解釈変更・「戦争法」の制定、「共謀罪」法の制定など、歴代の自民党政権ではできなかったことを実現してきました。9条改憲を実現すれば、歴史に名前を残すことにはなるでしょう。

　ただ、9条「加憲論」自体は、日本政策研究センターの論稿を見てもわかるとおり、従来の改憲論からすれば後退しているといえます。これまでの平和運動と国民の平和意識がそうさせたといえますし、平和運動の成果といえるでしょう。

＊「第一次憲法改正草案〈試案〉」（1981年10月）
案1（3項追加案）9条3項「前2項は、日本国の独立と安全を防衛し、国民の基本的人権を守護することを目的とし、必要な実力（または武力）を保持し、これを行使することを妨げるものではない。」
案2（2項改正案）9条2項「日本国の保持する武力は、日本国の独立と安全を防衛し、国民の基本的人権を守護することを目的とする。」

＊「日本国憲法改正草案」（1993年4月）
9条3項「前2項の規定は、国際法上許されない侵略戦争ならびに武力による威嚇または武力の行使を禁じたものであって、自衛のために必要な限度の軍事力を持ち、これを行使することまで禁じたものではない。」

第3章　9条等改憲の問題点とは何か

Q32 自民党の「9条加憲」条文案はどのように解釈できますか？

A. 自衛隊が首相の判断一つで海外で集団的自衛権を行使できるようになります

　安倍首相発言を受けて自民党内で議論された「9条加憲案」ですが、2018年3月25日の党大会で正式決定はできませんでした。ただ、「条文イメージ（たたき台素案）」という形で条文案が一本化されます。以下のとおりです。

　9条の2「前条の規定は、我が国の平和と独立を守り、国及び国民の安全を保つために必要な自衛の措置をとることを妨げず、そのための実力組織として、法律の定めるところにより、内閣の首長たる内閣総理大臣を最高の指揮監督者とする自衛隊を保持する。

　②　自衛隊の行動は、法律の定めるところにより、国会の承認その他の統制に服する。」

　まず、条文中に**「自衛の措置」という文言**が入っています。自民党憲法改正推進本部で配布された資料を見ると、「自衛の措置（自衛権）」と記されています。Q37で見るとおり、**自民党が単に「自衛権」という場合は集団的自衛権が含まれているので、この表現から集団的自衛権行使が可能と解釈できます。**

　次に、**「前条の規定は、……妨げず」という書き方**です。これも同本部配付資料の中で、「『妨げない』という表現については、……その条項に対する例外規定の意味合いが含まれる場合もあり、現在の9条2項解釈を変化させてしまうおそれがあるのではないか」と記述しています。こ

コラム　衆参両院事務職の関与

この条文案に対して、「安倍首相のレガシーのための改憲論」「安倍首相の情念」といった見方をしたり、成熟した提案と見ない批判論もありますが、それは疑問です。なぜなら、自民党憲法改正推進本部の会合に、衆議院と参議院の法制局と憲法審査会の事務局役職者が「関係省庁等出席者」として出席しているように、条文化にあたって、このような専門家がアドバイスしたことがうかがえるからです。これは手強い条文案といえます。

のように、9条の2が9条2項の例外規定として解釈できる余地があるのです。

　現行の自衛隊法3条は、「自衛隊は、我が国の平和と独立を守り、国の安全を保つため、我が国を防衛することを主たる任務とし、……」と、自衛隊を「国の安全を保つため」の組織としています。この規定からすれば、自衛隊の活動は原則として国内に限定されます。しかし、自衛隊を国だけでなく「国民の安全を保つため」の組織にもしました。これもQ37で見るとおり、この表現から海外にいる「国民の安全を保つため」、すなわち、在外国民保護のための海外派兵を正当化するために解釈される可能性があります。

　同じく、現行の自衛隊法7条は、「内閣総理大臣は、内閣を代表して自衛隊の最高の指揮監督権を有する」としています。この規定は、憲法72条「内閣総理大臣は、内閣を代表して議案を国会に提出し、一般国務及び外交関係について国会に報告し、並びに行政各部を指揮監督する」、内閣法5条「内閣総理大臣は、内閣を代表して内閣提出の法律案、予算その他の議案を国会に提出し、一般国務及び外交関係について国会に報告する」、内閣法6条「内閣総理大臣は、閣議にかけて決定した方針に基いて、行政各部を指揮監督する」に合わせた規定で、内閣総理大臣は閣議決定にしたがって職務遂行が求められています。しかし、今回の条文案では「内閣の首長たる内閣総理大臣を最高の指揮監督者とする自衛隊を保持する」となっています。Q37で見るとおり、2012年の自民党改憲案と同様、首相の権限を強化する、首相の判断一つで自衛隊を動かす意図も感じられます。

　さらに、9条の2の2項も巧妙な書き方をしています。「自衛隊の行動は、法律の定めるところにより、国会の承認その他の統制に服する」と、国会による統制規定のように見えます。しかし、国会の事前承認に限定されているわけではありません。また、「その他の統制」も定かでなく、国会以外の行政サイドの統制でもよしとされますし、法律で自由に決めることができ、強固な統制は期待できません。

コラム 「必要最小限度」の削除と復活

党内一本化される前の複数案の中には、「必要最小限度」という文言がありましたが、削除されました。これにより、自衛隊の活動に制約がなくなります。もしかすると、公明党などの意見を受けて復活するかもしれません。しかし、「必要最小限度」という文言が「実力行使」にかかるのではなく、当初複数案にあった「実力組織」にかかるのであれば、行為に対する制限ではなく組織に対する制限にすぎず、制限としては緩いものになります。

第3章 9条等改憲の問題点とは何か

Q33 「9条加憲論」にはどのような問題があるのですか？

A. 自衛隊の活動に歯止めがなくなります

　では、「9条加憲論」にはどのような問題があるのでしょうか。正式に公表されていないので実施主体を伏せて紹介しますが、あるマスコミが2015年に実施し、憲法研究者286人が回答したアンケート結果によれば、自衛隊の存在を違憲と回答した研究者が162人（全体の56.6％）、合憲が73人（25.5％）、わからない・その他が51人（17.8％）でした。**まだ憲法学界では一般国民と違って自衛隊違憲論が多数派なのです**（以前、安倍首相がいっていた「7割・8割」もいませんが。ちなみに、裁判所も自衛隊の存在を前提にした判決を出してきたとはいえ、正面から自衛隊を合憲とした判決を出したことがありません）。

　これまでこのような専門家による自衛隊違憲論があったことで、野党やマスコミは政府に自衛隊と9条との関係を問いただし、政府には常に説明責任が生じたのです。具体的には、**自衛隊は憲法9条で保持が禁止されている戦力ではない・「実力」にすぎない（軍隊ではない）、専守防衛に徹する、海外派兵はできない、集団的自衛権の行使はできない**、というもので、これが歯止めになりました。しかし、**憲法に自衛隊の存在を明記すれば、これまでの歯止めがなくなります**。また、多くの国民は自衛隊を合憲と考えているとはいえ、この自衛隊は災害派遣や専守防衛に徹する自衛隊でしょう。しかし、安倍首相が「合憲化」したい自衛隊は戦争法で集団的自衛権も行使できるようになった自衛隊です。

　さらに、自衛隊を憲法に書き加えれば、自衛隊は憲法に明記されていない防衛省より格が上がり、憲法に明記されている天皇や国会・内閣・裁判所などと同等の地位に位置づけられます。そして、**9条の下で否定されてきた「軍事公共性」が政府によって唱えられる可能性もあります**。具体的には、自衛隊機の夜間離発着や大学と防衛産業との軍事研究、武力攻撃事態法における民間の運輸・電

気・ガス・テレビ・ラジオ会社などの指定公共機関に対する動員規定、自衛隊法における医療・土木建築工事・輸送業の者に対する動員規定などについて、政府は自衛隊の「公共性」を理由に正当化していくことになるでしょう。

　Q02で触れたとおり、憲法学界では憲法の改正には限界があるという限界説が通説となっており、この場合の改正の限界の内容は、改正手続や基本原理（国民主権、基本的人権の尊重、平和主義）と考えられています。憲法の平和主義は確かに捉え方は色々あるとはいえ、「普通の国」の軍隊をもたらす改憲は改正の限界を超えているといえるでしょう。

　また、法学一般の「後法優先の原則（後法は前法に優る、後法は前法を破る）」がありますが、「9条加憲論」は9条2項の「空文化」「死文化」をもたらすことになります。ということは、「加憲」という表現よりは「改憲」「壊憲」と表現した方がいいでしょう。

　そして、Q30の伊藤論文にあるとおり、「まずはかかる道で『普通の国家』になることをめざし、その上でいつの日か、真の『日本』にもなっていく」というわけですから、この「9条加憲論」では終わらない、さらなる全面改憲が予想されます。

[自衛隊は違憲か、合憲か？]
〈憲法研究者のアンケート結果〉

- わからない その他 17.8%
- 合憲 25.5%
- 違憲 56.6%

野党・マスコミ：専門家は自衛隊は違憲と言っているが

政府：
- 自衛隊は軍隊でないから違憲ではありません
- 軍隊でないから他国の軍隊と同じことはできません

コラム　徴兵制も合憲化される？

本文で触れた9条に自衛隊を書き込むことから生じる「公共性論」から、「徴兵制も合憲になる」という議論があります。しかし、それは本当でしょうか。政府は憲法13条の幸福追求権や18条の意に反する苦役からの自由を根拠に、徴兵制は違憲であると説明してきましたので、18条などの条文の解釈や文言を変えないと難しいと思われます。また、実態論としてそもそも日本で徴兵制は必要なのでしょうか。Q34で触れる自衛官募集に苦戦しているとはいえ、現代の戦争は総力戦ではありませんから、必要なのは専門的知識・能力のある自衛官であって、素人の大量の自衛官ではありません。仮に、日本で20歳前後2年間の男子徴兵制を導入したら、2019年の20歳人口が約120万人ですから、一気に自衛官が100万人以上増えることになります。2018年の自衛官定員約24.7万人、現員約22.7万人なのに。「徴兵制合憲化論」はあおるような議論になるのではないでしょうか。

第3章　9条等改憲の問題点とは何か

Q34 自治体が自衛官募集の協力をしないから9条改憲が必要なのですか？

A. 現在の「協力」自体に問題がありますし、募集の困難さは自衛隊にも原因があります

　安倍首相は、次から次へと色々な9条改憲の理由を挙げています。当初は、「多くの憲法学者が自衛隊を違憲とするから」ということをしきりにいっていました。続いて、「『お父さん憲法違反なの』といわれて、自衛官の息子さんが涙を浮かべていたから」ともいいました。前者は憲法研究者の口封じを狙っているともいえ、憲法23条で保障された学問の自由を侵害するおそれがあります。後者は「防衛省担当の首相秘書官を通じて、航空自衛隊の幹部自衛官から聞いた話」だそうで、あいまいかつ情緒的です。

　2019年に入ると、2月の自民党党大会では、自衛隊の新規隊員募集に対して都道府県の6割以上が協力を拒否しているから9条改憲が必要だとの趣旨の発言をしました。この「都道府県」というのは「市区町村」の間違いで、**実際には約9割の市区町村が適齢者住民の住所・氏名・生年月日・性別といった個人情報の扱いについて自衛隊に協力しています。具体的には、市区町村の約36％が自衛隊にこれら個人情報を紙か電子媒体で提出しているのに、約53％が閲覧・書き写しにとどめているのを問題視しているようなのです。**

　この問題の背景には自衛官募集の困難さもあります。2011年度は任期のない**一般曹候補生の応募者**＊が5万人を超えていたのに、2016年度は2.5万人を割ってしまいました（**防衛大学校卒業生の任官辞退者数**＊も2019年は49人に達し、94人だったバブル景気の1991年以降では最も多かったのです）。そこで、一般曹候補生も任期制の自衛官候補生も、採用年齢が18歳以上27歳未満だったものを、2018年から33歳未満に変え、予備自衛官も退職時に士長以下の場合で採用年齢を37歳未満から55歳未満へと引き上げます。

　確かに、自衛隊法97条で自治体の首長が自衛官と自衛官候補生の募集に

関する事務の一部を行うとあり、同法施行令120条で防衛大臣が募集に関し首長に必要な報告又は資料の提出を求めることができるとしています。しかし、**住民基本台帳法11条は、国などが首長に対してこれら情報について「閲覧させることを請求することができる」としているにすぎず、「提供」するとはしていません。憲法13条からプライヴァシー権が保障され、個人情報保護法は国と自治体に個人情報の適正な取扱を求めているのですから、まずは自衛隊に対する特別扱いと自治体による安易な個人情報の提供が問題です。**

そもそも、自衛官募集の困難さは、日本社会における少子化や人手不足からくるものでもありますが、自衛隊自体の問題もあるのではないでしょうか。かつての自衛隊は資格がたくさん取れ、戦争をせず、安定した職場でした。しかし、昨今、隊員の自殺や隊内でのいじめが問題化しているし、戦争法の制定で海外で戦争ができる組織に変質してしまいました。自衛隊明記の改憲が実現すれば、自衛隊は憲法上公共性を有する存在になり、国が自治体に、より協力を求めやすくなります。こんな理由での改憲はダメでしょう。

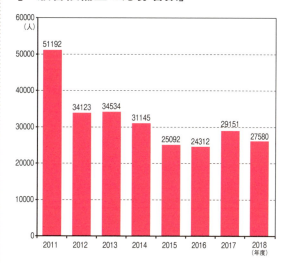

[一般曹候補生の応募者数]

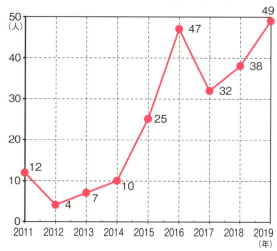

[防衛大学校卒業生の任官辞退者数]

第3章　9条等改憲の問題点とは何か

Q35 その他改憲3項目案にはどのような問題があるのですか？

A. 教育の無償化にも合区解消にも改憲は不要ですし、自民党案は危険です

　自民党が9条改憲案と一緒に検討してきた残り3つの改憲案にはどのような問題があるのでしょうか。これらも正式決定されていませんが、「条文イメージ（たたき台素案）」から見ていきましょう（ただし、緊急事態の改憲案については、Q41で検討します）。

　まず、教育充実についての改憲案は以下のとおりです（89条案は省略）。

　26条「③　国は、教育が国民一人一人の人格の完成を目指し、その幸福の追求に欠くことのできないものであり、かつ、国の未来を切り拓く上で極めて重要な役割を担うものであることに鑑み、各個人の経済的理由にかかわらず教育を受ける機会を確保することを含め、教育環境の整備に努めなければならない。」

　当初、自民党は大学などの高等教育の無償化をいっていましたが、これは当初から疑わしいものでした。なぜなら、歴代の自民党政権は国際人権規約A規約13条2項(b)(c)の中等教育（中学・高校など）・高等教育（大学・大学院・短大・高専など）の漸進的無償化規定を留保し、民主党政権による2010年度からの高校授業料無償化を「ばらまき」と批判していたからです。同規定の留保を撤回したのは民主党政権です（2012年）。このようなことからすれば、仮に**憲法で高等教育の無償化規定を入れたとしても、憲法25条の生存権規定と同じような扱いをしたのではないでしょうか**（自民党政権は25条を**プログラム規定***のように扱ってきました）。

＊**プログラム規定**
憲法25条1項は「すべて国民は、健康で文化的な最低限度の生活を営む権利を有する」と、明確に権利保障をしています。しかし、自民党は社会保障をさぼるため、これは裁判で使える権利ではなく、「単なる政府のプログラム」と解釈し、財政的理由から完全に保障しなくてもいいとしてきたのです。文教予算を手厚くしてこなかった自民党なら、高等教育についても同様の対応をしたと思われます。

結局、自民党は無償化の明記を見送りました。そもそも、憲法26条が高等教育の無償化を禁止していませんから、無償化自体は法律で可能です。日本維新の会が全ての教育の無償化を主張してきたので、維新対策の案だったのでしょう。ただ、**最終的な条文案は、教育を「国の未来を切り拓く上で極めて重要な役割を担うもの」とすることで、教育への国家介入を正当化する文言になりました**。この間の道徳教育の教科化や大学への国旗・国歌の押しつけなどを見ても、実際の教育への国家介入を憲法上も正当化する案といえます。

　次に、合区解消・地方公共団体についての改憲案は以下のとおりです。

　47条「両議院の議員の選挙について、選挙区を設けるときは、人口を基本とし、行政区画、地域的な一体性、地勢等を総合的に勘案して、選挙区及び各選挙区において選挙すべき議員の数を定めるものとする。参議院議員の全部又は一部の選挙について、広域の地方公共団体のそれぞれの区域を選挙区とする場合には、改選ごとに各選挙区において少なくとも一人を選挙すべきものとすることができる。

　②　前項に定めるもののほか、選挙区、投票の方法その他両議院の議員の選挙に関する事項は、法律でこれを定める。」

　92条「地方公共団体は、基礎的な地方公共団体及びこれを包括する広域の地方公共団体とすることを基本とし、その種類並びに組織及び運営に関する事項は、地方自治の本旨に基づいて、法律でこれを定める。」

　この改憲案は、参議院選挙区の**議員定数不均衡の問題**＊に対応して行われた合区解消のための改憲案です。しかし、この問題の解決方法は他にもあります。一つは、選挙区の定数を増やすことです。他にも、**参議院の選挙区を廃止し、比例代表制に一本化すれば、定数不均衡も合区問題も簡単に解決でき、これらは法改正でできます**。逆に自民党の改憲案だと、今度は憲法43条で両議院を「全国民の代表」とする規定と矛盾することになります。92条は都府県を広域で権限が強化された道と州に置き換える道州制を導入する根拠規定にもなります。

＊**議員定数不均衡の問題**

私たちには1人1票しかないのですから、議員1人当たりの人口比で2倍以上開くのは違憲だとの考えが憲法学界で一般的です。これに対して、最高裁はなぜか衆議院については3倍以上、参議院については6倍以上の格差が開かないと違憲（状態）と判断しませんでした。ところが、2014年に最高裁が参議院選挙区の1票の格差が最大4.77倍であった13年7月の参議院選挙を「違憲状態」としたのです。

第3章 9条等改憲の問題点とは何か

Q36 12年自民党改憲案とは何ですか?

A. 2005年自民党改憲案と違って復古色が前面に出た改憲案です

　これまで何度か触れた「日本国憲法改正草案」について、ここでもう少し詳しく見ていきましょう。この案は、「憲法の自主的改正」を党の使命に掲げる自民党が、**サンフランシスコ講和条約発効から60年目となる2012年4月28日の前日4月27日に発表したものです**。ここではQ31で取り上げた9条以外の項目について簡単に見ていきます。

　まず**前文ですが、日本国憲法と比べて短くなる一方、基本原理は日本国憲法と異なっています**。日本国憲法では民主主義・戦争の放棄・国民主権についてその内容を確認する丁寧な文章が続きますが、12年案ではいきなり「日本国は、長い歴史と固有の文化を持ち、国民統合の象徴である天皇を戴く国家であって、……」と、**国民主権より日本国憲法の前文では言及していない天皇制を持ってくるのが特徴的です**。前文3段では「日本国民は、国と郷土を誇りと気概を持って自ら守り」と、愛国心に通じる表現もあります。

　第1章の天皇の規定では、1条でまず天皇を「日本国の元首」にしています。3条で「国旗は日章旗とし、国歌は君が代とする」と同時に、「日本国民は、国旗及び国歌を尊重しなければならない」とし、4条で元号制定にも言及しています。

　第3章の人権規定にも、復古的な権利規定が新たに入ってます。例えば、信教の自由については、20条3項で「国および地方自

コラム サンフランシスコ講和条約

右翼がよく「サンフランシスコ体制打破」を唱えます。しかし、サンフランシスコ講和条約は、日本と第2次世界大戦の連合国諸国との条約でありながら、交戦国だった中国やソ連などは署名しておらず、「片面講和」ともいわれました。また、この条約で琉球諸島と小笠原諸島はアメリカの統治下に置かれ、同時に日米安保条約が締結されています。サンフランシスコ体制の打破をいうなら、安保条約の破棄もいうべきでしょう。

治体その他の公共団体は、特定の宗教のための教育その他の宗教的活動をしてはならない。ただし、社会的儀礼又は習俗的行為の範囲を超えないものについては、この限りでない」とし、首相の靖国神社への公式参拝を可能にしかねない書き方になっています。また、24条1項で「家族は、社会の自然かつ基礎的な単位として、尊重される。家族は、互いに助け合わなければならない」とし、復古的な家族観を押しつけると同時に、子育て・介護などは国家の役割（「公助」）を放棄して家庭に押しつける（「自助」「共助」）新自由主義的規定にもなっています。

　第4章の国会の規定では、2005年の「新憲法草案」とほぼ同じですが、54条1項で「衆議院の解散は、内閣総理大臣が決定する」としています。日本国憲法には衆議院の解散権の主体に関する規定がないため、学界でも主体は衆議院なのか内閣なのか議論があるのですが、それを首相の権限強化の方向で変えてしまうのです。首相の権限強化という点では、これも「新憲法草案」と同様に72条で首相に行政各部の総合調整権を加えています。

　第10章の改正の規定では、Q10で触れた、憲法改正に関する衆参両院で3分の2以上の賛成による発議という規定を過半数の賛成という形でハードルを下げています。

　このように、ある意味で自民党らしい国家主義的な復古色が前面に出た改憲案が「日本国憲法改正草案」なのです。Q30で紹介した伊藤氏がいう「いつの日か、真の『日本』にもなっていく」上で、この改憲案が議論のたたき台にはなるでしょう。

[2012年自民党改憲案の特徴]

コラム 「日本国憲法改正草案」に見る深刻さ

Q31で、党内リベラル派によって、「新憲法草案」は復古的な改憲案にならなかったことに触れました。これに対して、「日本国憲法改正草案」は復古色が前面に出るわけですが、この時の自民党総裁は安倍氏ではありません。谷垣禎一氏なのです。従来、リベラルといわれた谷垣総裁の時に、このような改憲案が出てくるということは、それだけ自民党が以前よりは右寄りに傾いた結果といえます。

第3章　9条等改憲の問題点とは何か

Q37 12年自民党改憲案は平和主義をどのように変えようとしているのですか？

A. 全面的な集団的自衛権を行使できる国防軍を設置するなど大幅に変えています

　Q31で簡単に触れましたが、2012年の「日本国憲法改正草案」では日本国憲法の平和主義規定をどのように変えているのか、次に詳しく見ていきましょう。

　まず前文ですが、2段で「わが国は、先の大戦による荒廃や幾多の大災害を乗り越えて発展し、今や国際社会において重要な地位を占めており、平和主義の下、諸外国との友好関係を増進し、世界の平和と繁栄に貢献する」と、確かに平和主義にも触れてはいます。しかし、日本国憲法前文に出てくる先の戦争に対する反省の言葉はありません。しかも、Q06で触れた**平和的生存権の規定をばっさりと削除しているのです**。これは大問題です。

　次に9条ですが、日本国憲法では9条のある第2章の表題は「戦争の放棄」としています。これに対して、**自民党改憲案では「安全保障」に変えているのです**。

　それでは9条の条文を見てみましょう。Q31で触れたとおり、自民党改憲案の9条2項は日本国憲法の9条2項で規定された文言を削除し、新たに「前項の規定は、自衛権の発動を妨げるものではない」という言葉に置き換えています。自民党Q&Aで、「この『自衛権』には、国連憲章が認めている個別的自衛権や集団的自衛権が含まれていることは、言うまでもありません」と説明しているように、**単に「自衛権」と表現することで個別的自衛権と集団的自衛権の区別をせず、集団的自衛権（しかも限定のない）の行使も認めているのです**。

　そして、9条の他に新たに9条の2という規定を加えています。この1項で「我が国の平和と独立並びに国及び国民の安全を確保するため」に「国防軍」を保持するとしています。これまで政府は9条との関係から、「自衛『隊』」と、自衛隊は軍隊ではないと説明してきましたが、**今後は堂々と日本は「軍」を持つ**というのです。また、この国防軍は3項で「国際社会の平和と安全を確保するために国際的に

協調して行われる活動及び公の秩序を維持し、又は国民の生命若しくは自由を守るための活動を行うことができる」ともしています。これは国防軍が「国防」だけでなく、国連軍、さらには曖昧な「国際的に協調して行われる活動」、すなわちアメリカ主導の戦争にも憲法上参加できることになるのです。

　また、Q32で触れたとおり、国防軍の任務に「国民の安全」を新たに加えています。自民党改憲案の25条の3には、「国は、国外において緊急事態が生じたときは、在外国民の保護に努めなければならない」という規定を置いており、国防軍が在外邦人保護のために海外派兵することが憲法上可能になります。

　他にも、9条の2の4項には「国防軍の組織、統制及び機密の保持に関する事項は、法律で定める」という規定があり、秘密保護法の制定に憲法上のお墨付きを与えています。5項には「国防軍に属する軍人その他の公務員がその職務の実施に伴う罪又は国防軍の機密に関する罪を犯した場合の裁判を行うため、……国防軍に審判所を置く」という規定を新たに置いています。これは自民党Q&Aで、軍人の処罰については「通常の裁判所ではなく、国防軍に置かれる軍事審判所で裁かれるものとしました。審判所とは、いわゆる軍法会議のことです」と説明しているように、軍規違反を軍法に従い軍によって裁いた戦前の軍法会議を復活させる規定ともいえます。

　Q32で触れたことで、また、Q36に関連しますが、9条の2の1項で「内閣総理大臣を最高指揮官とする国防軍」、72条3項で「内閣総理大臣は、最高指揮官として、国防軍を統括する」とし、首相だけの判断で国防軍を動かせるかのような規定を置いています。

コラム　主権と独立の強調

2012年の自民党改憲案には9条の3があり、「国は、主権と独立を守るため、国民と協力して、領土、領海及び領空を保全し、その資源を確保しなければならない」と規定しています。この規定は、ロシアとの北方領土問題や、中国との尖閣諸島問題、韓国との竹島問題が念頭にあるのでしょう。しかし、2004年8月、沖縄国際大学に米軍のヘリコプターが墜落した時、墜落現場は沖縄国際大学の敷地内なのに、米軍が現場に大学関係者も日本の警察も立ち入りさせませんでした。また、2012年から米軍のオスプレイが日本国内に配備され、国内を自由に飛行しています。これまでも、米兵が国内で犯罪を犯しても日米地位協定によって米兵が守られ、羽田空港を発着する日本の民間機は米軍横田基地の空域を迂回して飛行させられています。アメリカによる日本の主権侵害行為を黙認し、主権制限を受け入れてきた自民党に、主権と独立を語る資格はありません。

第3章 9条等改憲の問題点とは何か

Q38 12年自民党改憲案は国家と国民との関係をどのように変えようとしているのですか？

A. 国家の論理で人権の制約を可能とし、国民の義務を大幅に増やしています

　Q36で、2012年の「日本国憲法改正草案」は国家主義的な改憲案だと述べましたが、ということは、国民より国家が優先するということです。まず大きな問題として、自民党改憲案では、日本国憲法12条や13条に出てくる人権制約原理の文言である「公共の福祉」を、2005年の「新憲法草案」と同様、「公益及び公の秩序」に変えています。

　この「公共の福祉」というのは、人権と人権が衝突した場合の調整原理と考えられています。そして、全ての人権に「公共の福祉」概念が内在しています。例えば、憲法21条で表現の自由が保障され、「公共の福祉」という文言はありませんが、表現の自由も「公共の福祉」によって制限されます。具体的には、野放しの表現の自由はなく、他人のプライヴァシーや名誉を傷つける表現は制約されるのです。「公共の福祉」は英語だとpublic welfareのことですが、publicの名詞形には「人々」「民衆」の意味があるように、「公共の福祉」に「社会的利益」の意味があるとしても、「国家的利益」の意味はないのです。

　それなのに、自民党改憲案では「公共の福祉」はわかりづらい表現だからという理由で、憲法学で積み重ねられてきた議論を無視して「公共の福祉」を「公益及び公の秩序」という文言に置き換え、さらに意味まで変えました。「公益及び公の秩序」という表現もわかりづらいですが、改憲案を説明する自民党Q&Aでは、「『公の秩序』とは『社会秩序』のこと」だと説明しています。2005年の自民党新憲法起草委員会各小委員会要綱では、「国家の安全と社会秩序」と表現していました。後者がより自民党の本音に近いでしょう。

　さらに、自民党改憲案12条には、「自由及び権利には責任及び義務が伴うことを自覚し」という文言を加えています。これと「公益及び公の秩序に反してはな

らない」という文言が結びつくことで、今後は「公」・国家の論理により人権の制約が簡単にできるということになります。例えば、日本国憲法の人権規定の観点から、盗聴法や秘密保護法は人権侵害の違憲立法だと主張できますが、「公共の福祉」を「公益及び公の秩序」に置き換える改憲が成功すれば、盗聴法も秘密保護法も「国家の安全」の観点から合憲化されます。

　他にも、自民党改憲案では国民の義務が激増しています。日本国憲法の国民の義務は、教育を受けさせる義務（26条2項）、勤労の義務（27条1項）、納税の義務（30条）だけです。それに対して、**国防義務（前文4段）、国旗・国歌尊重義務（3条2項）、領土等の保全義務（9条の3）、公益及び公の秩序服従義務（12条）、個人情報不当取得等の禁止義務（19条の2）、家族相互扶助義務（24条1項）、環境保全義務（25条の2）、地方自治体の負担分担義務（92条2項）、緊急事態時の指示服従義務（99条3項）、憲法尊重義務（102条1項）**が新たに加わりました。Q33で触れた「軍事公共性」からも国民は戦争動員されていきます。これでは国家権力制限規範から国民制限規範の憲法になってしまいます。

[人権制約原理]
〈日本国憲法〉
表現の自由　　プライバシー権　名誉権
人権と人権が衝突した場合に調整

〈自民党改憲案〉
国民の人権　プライバシー権　知る権利
国家の安全　盗聴法　秘密保護法
国家が優先する場合、人権を制約

コラム　逆転する憲法尊重義務

Q2で見たとおり、立憲主義の観点から国民が国家権力を縛るために、国家権力を行使する公務員に対して日本国憲法99条で「天皇又は摂政及び国務大臣、国会議員、裁判官その他の公務員は、この憲法を尊重し擁護する義務を負ふ」と、公務員の憲法尊重擁護義務を規定しています。これを2012年の自民党改憲案では、102条の1項で「全て国民は、この憲法を尊重しなければならない」と、国民に憲法尊重義務を課しているのです。また、2項では「国会議員、国務大臣、裁判官その他の公務員は、この憲法を擁護する義務を負う」と、公務員の憲法擁護義務から天皇と摂政を外しているのです。改憲案を説明する自民党Q&Aでは、「憲法も法であり、遵守するのは余りに当然のこと」と説明しますが、憲法学界ではこのような考えは「余りに当然」ではありません。

第3章　9条等改憲の問題点とは何か

Q39 12年自民党改憲案の「地方自治」規定にはどのような問題がありますか？

A. 自治体に国の防衛・外交政策などを従わせることになります

　地方自治の規定について日本国憲法92条は、「地方公共団体の組織及び運営に関する事項は、地方自治の本旨に基いて、法律でこれを定める」と規定しています。戦争遂行には中央集権国家体制が適合的であることからも、大日本帝国憲法には地方自治の規定がありませんでした。これに対して、戦後、日本国憲法の第8章として入ってくるのは、国レベルでの三権分立と並ぶ、中央と地方との権力分立による国家権力の暴走を防ぐ手立てとしての地方自治であり、その背後には先の戦争の反省があるからでしょう。

　そして、92条の「地方自治の本旨」を、憲法学界では「住民自治」(その地域団体の運営が、そこの住民の意思に基づいて行われること。憲法93条と95条*で具体化)と「団体自治」(国家とは独立の地域団体が、団体自らの意思と責任の下でその地域の自治を行うこと。憲法94条*で具体化)から成ると考えます。

　しかし、2012年の「日本国憲法改正草案」は2005年の「新憲法草案」と同様、92条1項に、「地方自治は、住民の参画を基本とし、住民に身近な行政を自主的、自立的かつ総合的に実施することを旨として行う」という規定を入れ、93条3項に、「国及び地方自治体は、法律の定める役割分担を踏まえ、協力しなければならない」という規定を入れました。これについて、自民党改憲案を説明するQ&A

---

*憲法93条
「①　地方公共団体には、法律の定めるところにより、その議事機関として議会を設置する。
②　地方公共団体の長、その議会の議員及び法律の定めるその他の吏員は、その地方公共団体の住民が、直接これを選挙する。」

*憲法94条
「地方公共団体は、その財産を管理し、事務を処理し、及び行政を執行する権能を有し、法律の範囲内で条例を制定することができる。」

*憲法95条
「一の地方公共団体のみに適用される特別法は、法律の定めるところにより、その地方公共団体の住民の投票においてその過半数の同意を得なければ、国会は、これを制定することができない。」

では、「従来『地方自治の本旨』という文言が無定義で用いられていたため、この条文において明確化を図りました」と説明しますが、この説明は上記の憲法学界での議論を無視した説明といえます。**自民党の改憲案によって、自治体はその地域に関することを行うのが役割となり、国は防衛・外交その他全国的な問題を担当するので、このような国の仕事と自治体には距離ができてしまいます。**

　例えば、東西冷戦時代には、自民党政権の姿勢とは別に、自治体のいわゆる「**自治体外交**」が展開されました。この「自治体外交」によって、自治体によってはソ連・東欧などの自治体と友好都市宣言を結んだり、人的交流を行ったのです（もっとも、憲法論としては、73条2号で内閣に外交権があることから、「自治体外交」とかっこ付きの表現となりますが）。また、国は表向きは非核3原則によって外から日本への核持ち込みを禁止していながら、実際には日米間の「密約」でアメリカによる日本への核持ち込みを容認していた中で、自治体が「**非核自治体宣言**」（核兵器廃絶や非核三原則の遵守などを求める内容の自治体宣言や議会決議のこと。全国で1500を超える自治体が宣言しました）を行うことには、東西冷戦の緩和と憲法の平和主義の実践という意味があったといえます。しかし、**自民党改憲案が成立すれば、防衛及び外交は国の専権事項であるから自治体は口出しをするな、国の防衛・外交政策に従えということになってしまいます。**

　現に安倍政権は、沖縄の民意を無視して辺野古への新基地建設を強行しています。他にも、**住基ネット**＊の際には住基ネット関係の自治体の事務が自治事務であったことから、自治体によっては接続を拒否したため、**共通番号制度**＊では国から自治体に委託された法定受託事務にし、自治体の抵抗を封印したのです。2003・2004年に制定された有事法制には自治体を強制的に動員する規定も置きました。このように、**自民党の改憲案は、国家主義が前面にでている改憲案であり、自治体を国家の下に置いてしまう点で問題といえます。**

＊住基ネットと共通番号制度

2003年に稼働した住基ネットとは、市区町村の住民基本台帳に記録されている者に11桁の番号を割り当ててネットワーク化し、全国共通で本人確認をできるようにしたシステム。2016年に稼働した共通番号制度とは、国民と在住外国人に12桁の、会社など法人に13桁の番号を割り当ててネットワーク化し、住基ネットの情報以外に社会保障・税・災害対策の分野で複数の機関に存在する個人の情報を同一人の情報であることを確認するために導入したシステム。両者とも、「国民の総背番号制」「監視社会化」との批判があり、それぞれ違憲訴訟が提起されました。

第3章　9条等改憲の問題点とは何か

Q40 12年自民党改憲案の緊急事態条項にはどのような問題がありますか？

A. この改憲だけでもナチスの再来をもたらしかねない危険な内容です

　2012年の自民党「日本国憲法改正草案」第9章には、「緊急事態」の章があります。まず98条1項で、「内閣総理大臣は、我が国に対する外部からの武力攻撃、内乱等による社会秩序の混乱、地震等による大規模な自然災害その他の法律で定める緊急事態において、特に必要があると認めるときは、法律の定めるところにより、閣議にかけて、緊急事態の宣言を発することができる」とし、99条1項で、「緊急事態の宣言が発せられたときは、法律の定めるところにより、内閣は法律と同一の効力を有する政令を制定することができるほか、内閣総理大臣は財政上必要な支出その他の処分を行い、地方自治体の長に対して必要な指示をすることができる」とし、同条3項で、「緊急事態の宣言が発せられた場合には、何人も、法律の定めるところにより、当該宣言に係る事態において国民の生命、身体及び財産を守るために行われる措置に関して発せられる国その他公の機関の指示に従わなければならない。この場合においても、第十四条、第十八条、第十九条、第二十一条その他の基本的人権に関する規定は、最大限に尊重されなければならない」としています。

　これは2005年の自民党の「新憲法草案」にはなかった章で、2012年の改憲案で新設されました。2011年の東日本大震災後、中山太郎元衆議院憲法調査会長が「緊急事態に関する憲法改正試案」を作成・発表しましたが、**震災対応の遅れは憲法に緊急事態条項がないとの理由から、自民党案でも引き継がれた**

＊**国家緊急権**
「戦争・内乱・恐慌・大規模な自然災害など、平時の統治機構をもっては対処できない非常事態において、国家の存立を維持するために、国家権力が、立憲的な憲法秩序を一時停止して非常措置をとる権限」（憲法研究者・故芦部信喜東京大学名誉教授の定義）。憲法に明示する国と明示しない国がありますが、日本は明示していないので、その危険性から憲法学界では否定説が多いのです。

のです。ただ、緊急事態条項論は自民党独自の議論ではなく、民主党の「憲法提言」(2005年)に**国家緊急権***の明示論があり、2005年までの憲法調査会でも民主党の委員が非常事態に関する議論を熱心に行っていました。

では、これにはどのような問題があるのでしょうか。**自民党改憲案の緊急事態条項では、国民の代表機関である国会をバイパスして内閣だけで法律と同一の効力を持つ政令を制定し、国民には緊急事態時に国などの指示に従う義務を課します。**一方で、法の下の平等(14条)・奴隷的拘束及び苦役からの自由(18条)・思想及び良心の自由(19条)・表現の自由(21条)については、「最大限に尊重されなければならない」としていますが、自民党改憲案はQ38で見たとおり、「公益及び公の秩序」により人権制限ができるとしているのですから、この「尊重」の程度は疑問です。そして、具体的に列挙していない権利・自由は、扱いが異なってくる可能性もあります。

かつて、大日本帝国憲法は国家緊急権を認めていました。それは、8条の緊急勅令(「天皇ハ公共ノ安全ヲ保持シ又ハ其ノ災厄ヲ避クル為緊急ノ必要ニ由リ帝国議会閉会ノ場合ニ於テ法律ニ代ルヘキ勅令ヲ発ス」)、14条の戒厳大権(「天皇ハ戒厳ヲ宣告ス」)、31条の非常大権(「本章[第二章 臣民権利義務]ニ掲ケタル条規ハ戦時又ハ国家事変ノ場合ニ於テ天皇大権ノ施行ヲ妨クルコトナシ」)です。**大日本帝国憲法には国家緊急権の規定があったのに、日本国憲法にないのは、戦前の反省からあえて「沈黙」したと考えるべきで、学界でも国家緊急権否定説が多いです。**

諸外国の憲法で国家緊急権を認める*のは、一定の条件の下での自衛権行使を容認しており、有事には国民の人権を制限しなければ円滑に軍事活動ができないからです。これに対して日本国憲法の平和主義は、徹底した平和主義の立場に立っているのであり、国家緊急権も認めていないと考えるべきです。**緊急事態条項論は、政権をとった後に憲法を停止し、議会を無視して政治を行ったナチスの再来をもたらしかねない危険な改憲論といえます。**

＊諸外国の国家緊急権
イギリスにはそもそも条文形式の憲法典がなく、イギリスもアメリカも法律で対応しています。ドイツではワイマール憲法の大統領権限が濫用・悪用されたので、戦後はその反省から憲法で細分化し、防衛事態認定は連邦議会が行い、憲法裁判所の統制も残されています。フランスは第5共和制憲法で規定されていますが、両院議長・憲法院に諮問が必要で、これまで発動されたのはたった一度だけです。

第3章　9条等改憲の問題点とは何か

Q41 4項目改憲案の緊急事態条項にはどのような問題がありますか？

A. 有事に適用可能で、政令政治をもたらす危険性があります

　Q35で後回しにした4項目改憲案の1つである緊急事態条項について、ここで見ていきましょう。「条文イメージ（たたき台素案）」は以下のとおりです。

　64条の2「大地震その他の異常かつ大規模な災害により、衆議院議員の総選挙または参議院議員の通常選挙の適正な実施が困難であると認めるときは、国会は、法律で定めるところにより、各議院の出席議員の3分の2以上の多数で、その任期の特例を定めることができる。」

　73条の2「大地震その他の異常かつ大規模な災害により、国会による法律の制定を待ついとまがないと認める特別の事情があるときは、内閣は、法律で定めるところにより、国民の生命、身体及び財産を保護するため、政令を制定することができる。

　②　内閣は、前項の政令を制定したときは、法律で定めるところにより、速やかに国会の承認を求めなければならない。」

　この条文案に対して、Q40で検討した2012年自民党改憲案の緊急事態条項と比べて、限定的な内容であると捉える人がいます。本当にそうでしょうか。

　まず、確かに「大規模な災害により、衆議院議員の総選挙または参議院議員の通常選挙の適正な実施が困難であると認めるとき」に、国会議員の任期延長をするというのは選択肢の一つとして考えられます。しかし、**日本は任期の異なる**

＊憲法54条2項

「衆議院が解散されたときは、参議院は、同時に閉会となる。但し、内閣は、国に緊急の必要があるときは、参議院の緊急集会を求めることができる。」1946年7月15日の帝国憲法改正案委員会で、野党議員から新憲法に大日本帝国憲法31条の非常大権規定のようなものが必要ではないかと問われた時、金森徳治郎国務大臣は非常大権の危険性を指摘し、参議院の緊急集会の規定があるから不要であると答弁しています。

2院制を取っており、参議院に解散はありませんし、半数改選で、参議院の緊急集会の規定（憲法54条2項）*もあります。衆参両議院の全国会議員の任期を延長しなければならないような事態を本当に想定できるのでしょうか。

　例えば、災害対策基本法では105条以下により災害緊急事態に配給・債務延期などで政令を制定できるとしています。警察法では71条以下により大規模な災害・騒乱その他緊急事態に内閣総理大臣が緊急事態を布告できるとしています。自衛隊法では76条以下により自衛隊による防衛出動、治安出動、警護出動、警備行動等がとれるようになっています（自衛隊違憲論からすれば、自衛隊法そのものが違憲となりますが、その問題は脇に置きます）。なんといっても、公職選挙法57条では天災などで投票できない時の繰延投票の規定があります*。既にこれだけ様々な事態に対して現行法の規定があり、十分対応できそうですが、そうでないなら現行法のどこが問題か自民党はきちんと説明すべきでしょう。

　また、2012年自民党改憲案に規定された緊急事態条項は、「内閣総理大臣は、我が国に対する外部からの武力攻撃、内乱等による社会秩序の混乱、地震等による大規模な自然災害その他の法律で定める緊急事態において、……緊急事態の宣言を発することができる」となっていたので、今回の規定は「有事への適用を見送った」「自然災害に限定した」とする見方もあります。しかし、有事法制の中の国民保護法では「武力攻撃により直接又は間接に生ずる人の死亡又は負傷、火事、爆発、放射性物質の放出その他の人的又は物的災害」を「武力攻撃災害」（2条4項）と定義しています。今回の改憲案で「自然災害」の「自然」を削っていることからも、この規定が有事に適用される可能性があります。

　結局、「条文イメージ（たたき台素案）」も、緊急事態に政令で人権を制限するという危険性は変わっていません。この条文案なら問題ないとはなりません。

＊公職選挙法57条

「①　天災その他避けることのできない事故により、投票所において、投票を行うことができないとき、又は更に投票を行う必要があるときは、都道府県の選挙管理委員会（市町村の議会の議員又は長の選挙については、市町村の選挙管理委員会）は、更に期日を定めて投票を行わせなければならない。……」「②　衆議院議員、参議院議員又は都道府県の議会の議員若しくは長の選挙について前項に規定する事由を生じた場合には、市町村の選挙管理委員会は、当該選挙の選挙長（衆議院比例代表選出議員若しくは参議院比例代表選出議員の選挙又は参議院合同選挙区選挙については、選挙分会長）を経て都道府県の選挙管理委員会にその旨を届け出なければならない。」

第3章　9条等改憲の問題点とは何か

Q42 そもそも改憲をどう考えたらいいのですか？

A. 憲法によって縛られる国家権力の側から出てくる改憲論は要注意です

　自民党は2019年の2月に「国民の幅広い理解を得て、憲法改正を目指します」と題した「憲法改正ビラ」を作成し、この冒頭で「主要国における、第二次世界大戦後の憲法改正の回数」というグラフを掲載しています。2017年発行の『諸外国における戦後の憲法改正（第5版）』（国立国会図書館）などから作成したこの資料によれば、アメリカが6回、フランスが27回、ドイツが63回、イタリアが15回、インドが103回、中国が10回、韓国が9回改憲したことを示しています。これに対して日本はまだ0回だから、他国のように改憲をしようといいたいのでしょう。

　しかし、国によっては憲法が法律のように細かい規定を置いていたり、ヨーロッパにおけるEU統合で国の一部権限をEUに移すことに伴う改憲があったりと、各国の改憲事情は様々です。Q10で紹介したとおり、どの国でも改憲のハードルは高いわけですが、その高さを克服するだけの議会と国民の意思があったから改憲できたのです。戦後の日本における改憲論を見ると、自民党などの改憲派は一貫して9条を変えたいと主張してきました。しかし、長らく国会では社会党や共産党などの護憲派や憲法改悪阻止派が一定の議席を確保することで、改憲の発議に必要な各議院での3分の2以上の議席を確保することができなかったのです。最近、ようやく国会で改憲派が3分の2を超えたこともありましたが、国民の多数派が改憲を望んでいなかったから、改憲ができなかったのではないでしょうか。

　もちろん、憲法はある時点（日本国憲法なら制定された1946年）における国民の意思により制定されるものですから、未来永劫同じ憲法が維持されることはありえません。憲法は不磨の大典ではありませんから、時間の経過による社会状況や国民の意識の変化によって改正の必要性も出てきます。私自身も、将来

的には民主主義・法の下の平等・国民主権と相容れない天皇制は廃止すべく、改憲した方がいいと考えています。

ただ、まず改憲を考える前に留意すべき点は、憲法は国民による国家権力制限規範ですから、常に制限される側は憲法を疎ましく思っている点です。したがって、**国家権力の側から改憲論が出てくる場合は要注意です。まさに、この間の安倍首相や自民党の改憲論がそうではないでしょうか**。9条は典型的な国家権力制限規範であるのに、その制限を緩めるのが9条改憲論です。緊急事態条項は逆に国家権力授権規範です。国民の側からより国家権力を制限する改憲論が出てくるのは望ましいことですが、現状はそうではありません。

また、憲法が保障する人権規定は本当に完全に保障されているでしょうか。それができない人たちが改憲をしたところで、改憲した後の憲法を護ることができるのでしょうか。**改憲よりは憲法理念の実現に努めるにせよ、改憲するにしろ、最終的には主権者国民一人ひとりにその判断が問われています**。

〈憲法は国家権力を縛るもの〉

〈自民党の憲法観〉

コラム 改憲をいう前に考えてほしいこと

日本国憲法は1946年制定の憲法なので、例えば、当時保障する必要性を考えていなかったプライヴァシー権や肖像権、知る権利、環境権などは憲法に明記されていません。だから、これらいわゆる「新しい権利」を改憲によって新たに規定すべきだという議論があります。しかし、プライヴァシー権と肖像権については憲法13条の幸福追求権から、知る権利については憲法21条の表現の自由から、環境権は憲法13条と25条の生存権から、解釈によって憲法上保障されると憲法学界では考えられており、急いで改憲する必要はありません。逆に、憲法9条がありながら日本が軍事大国化したことや、法の下の平等を規定する憲法14条がありながら差別がなくならず、21条がありながら政府が表現規制を行い、25条がありながら社会保障が後退している現実を見るべきです。改憲をいう前に、まずは現行憲法でできることとできないこと、規定と現実のギャップを考えてほしいものです。

第4章

改憲論にどう対抗すべきか

第4章 改憲論にどう対抗すべきか

Q43 「立憲的改憲論」は対抗論になるのでしょうか？

A. 9条改憲派の土俵に乗ってしまう議論です

　「9条加憲論」に対抗して、「立憲的改憲論」なるものが唱えられています。この議論の代表的な政治家は山尾志桜里衆議院議員で、「**立憲主義を貫徹し、その価値を強化する**」という「立憲的改憲論」を唱えています（「山尾志桜里議員『自衛権に歯止めをかける改憲を』」『日経ビジネスONLINE』2017年11月22日）。

　山尾氏の前提にある考え方は、以下のとおりです。「**これまでの改憲議論は、『一文字でも変えたい改憲派』と『一文字も変えさせない護憲派』による二項対立の構図にからめとられてきた。／だがもうこうした不毛な構図からはいい加減脱却すべきだ**」としています。そして、「**選挙を経て自民党、公明党だけで3分の2の議席を占める現状では、もはや改憲発議は避けられない**」とし、「仮に自衛隊を書き込むのであれば」、**自衛隊の国会によるコントロールや防衛費について一定の上限を憲法に書き込むことを提案する**というものです（「改憲論議に先手打つ　山尾志桜里氏が語る」『神奈川新聞』2017年11月9日）。

　しかし、確かに「護憲」という表現は「一文字も変えさせない」というイメージがありますが、改憲反対派の中には「憲法改悪阻止」という立場もあります。この表現は憲法「改正」の余地を残しており、**山尾氏の「一文字も変えさせない護憲派」という表現は、改憲に反対する人々を単純化しすぎています**（Q46参照）。

　また、改憲発議は本当に避けられないのでしょうか。選挙の結果は有権者が多数派に白紙委任したものではありませんし、政治は国会の中だけで決まるものではありません。改憲の場合は国民投票を控えていますから、改憲派も国民投票で勝てると判断しないと、発議なんてできません。現に2016年参議院選挙と2017年衆議院選挙で改憲派が3分の2を超えたのに、改憲はできませんでした。**ある一時点での選挙の結果が全てではありません。得票と議席獲得数が比**

例しない小選挙区制への批判的視点も必要です。

　山尾氏の当初の9条論は、「2014年7月の閣議決定までの『武力行使の三要件』、いわゆる武力行使の旧3要件に基づいて、自衛権の範囲を個別的自衛権に制限することを、憲法上明記すべきだ」「個別的自衛権に限って行使できることを明記し、それを実行する限定的な『戦力』として自衛隊を認める」というものでした（『日経ビジネスONLINE』）。

　しかし、従来政府が解釈してきた個別的自衛権は、国連憲章にいう個別的自衛権より限定されているので、ただ憲法に「個別的自衛権」と書けばいいわけではありません。その後、山尾氏は、具体的に条文形式で9条の2を加える案を発表し、ここでは「個別的自衛権」と「自衛隊」という文言を明記せず、自衛権行使の旧3要件の文言を明記しています。この中では、9条2項の「規定にかかわらず」、限定的な交戦権の行使と戦力の保持を認めています（山尾志桜里『立憲的改憲』ちくま新書、2018年、375頁以下）。

　これでは安倍首相・自民党の「9条加憲論」と同様、9条2項の意味がなくなります。9条と自衛権行使の旧3要件があっても、自民党政権の下で、アフガン戦争への加担やイラク派兵などが行われてきたわけですが、山尾案でこれらに歯止めをかけられるのか、定かではありません。なんといっても、従来の政府解釈を超えて、自衛隊は「戦力」になってしまいます。結局、山尾氏の議論は相手の土俵に乗ってしまう議論です。立憲民主党は「加憲」案には反対しているのですから、党の国会議員もこの路線を維持してほしいものです。

コラム　山尾氏の「憲法裁判所の設置論」

　山尾氏は安倍政権による解釈改憲に対抗して、憲法裁判所の設置をいい、「もし、自衛権行使の範囲を憲法で個別的自衛権に限定すれば、仮に政府が安保法制のように集団的自衛権の行使を認める立法を目指しても、憲法裁判所が違憲の判断をし、その法案は成立しないこととなります」といっています（『日経ビジネスONLINE』）。しかし、日本と同様に通常裁判所が憲法判断を行うアメリカでは、違憲判決がよく出ます。政権交代があるから、裁判官の配置も共和党系と民主党系とのバランスがとれ、機能するのです。憲法上、最高裁の人事権が内閣にある日本で長期自民党政権が続けば、最高裁が保守化することは避けられません。日本で憲法裁判所を設置した場合、裁判官の人事権を内閣に与えれば、憲法裁判は憲法裁判所のみで行い、しかも一発で政府行為のお墨付きを与える機関になりかねません。読売新聞社や維新の会が憲法裁判所設置論を唱えている意図を理解すべきです。

第4章　改憲論にどう対抗すべきか

Q44 「平和主義者・天皇」に期待すべきなのでしょうか？

A. 天皇という権威にすがるのではなく、私たちの主体性が求められています

　講演をした時に、たまに「天皇は安倍首相のことが嫌いですよね」「天皇は安倍首相に何かいわないのですかね」という質問を受けることがありました。ここにいう天皇は、2019年4月30日に退位した明仁上皇のことです。明仁天皇・上皇に対する肯定的評価は、リベラルとされている新聞の報道にもよく表れています。同年5月1日に即位した徳仁天皇については情報量が少なく、評価が難しいので、ここでは明仁上皇について見ていきましょう。

　確かに、明仁上皇は「平和」について考え、語ってきています。戦後、皇太子時代の家庭教師は**クエーカー***教徒のエリザベス・ヴァイニング氏でしたし、これまで国内外の戦場になった場所を数多く訪問してきました。**2018年8月15日の政府主催全国戦没者追悼式における明仁天皇の「おことば」の中に、「戦後の長きにわたる平和な歳月に思いを致しつつ」という言葉を初めて入れたことが評価**されています。安倍首相にはできないことでしょう。2019年2月24日の「**天皇陛下御在位30年記念式典**」でも、「**平成の30年間、日本は……近現代において初めて戦争を経験せぬ時代を持ちました**」と述べました。

　しかし、この**表現は日本が戦場にならなかったことを意味するだけ（一国平和主義）**で、日本が加担したアメリカの戦争の戦場になった朝鮮・ベトナム・アフガニスタン・イラクなどの人々のことを全く考えていません。明仁上皇が裕仁天皇の戦争責任をどう評価しているのかもわかりません。明仁上皇を本当に「平和主

---

* **クエーカー**
キリスト教プロテスタントの一派であるキリスト友会（フレンド派）のこと。平和主義を強く主張し、信者の中に良心的兵役拒否者や反戦活動家が多い。1947年にノーベル平和賞を受賞した。

* **天皇の国事行為**
内閣総理大臣の任命や最高裁長官の任命など憲法6条や7条に列挙されている行為のこと。前者の指名は国会、後者の指名は内閣で、天皇が形式的に任命するにすぎません。

義者」といっていいのでしょうか。

　今回の退位についても、2016年8月に、明仁天皇が「象徴としてのお務め」についてのビデオメッセージを発表し、これを受けて2017年6月に「天皇の退位等に関する皇室典範特例法」が制定され、実現したものです。しかし、憲法上、天皇は内閣の助言と承認に従って、国事行為を行うだけの存在*です（憲法3条・4条）。天皇は「ロボット」のような存在にすぎないのに、明らかに政治的発言を行いました。また、国事行為以外に憲法で明記していない私的行為も天皇はできますが、国内巡幸・国会開会の際の「おことば」・植樹祭など公的行事への出席などの「公的行為（象徴的行為）」はできないとの憲法学説もあるのに、天皇自ら「象徴的行為」を行うのは当然のこととして発言しているのです。「象徴的行為」が大変ならやめればいいだけの話なのに。天皇のメッセージに憲法上大きな問題があるのに、メディアなどであまり問題視されなかったのが残念です。

　そもそも、天皇制は人を生まれによって差別した封建制社会の遺物です。天皇制は、国民がそのつど継承者を決めるわけではありませんし、国民誰もが天皇になれない点で、本来は民主主義と平等原則に反するものです。しかし、憲法に天皇制を残したので、憲法学的には天皇制を民主主義と平等原則の例外と解釈しているにすぎません。Q42で述べたとおり、私自身は、民主主義・法の下の平等・国民主権の観点から天皇制は廃止して、共和制に移行すべきと考えています。そういう意味で、私は「護憲派」ではなく「改憲派」です（ただし、象徴天皇制が支持されている中で、今、改憲を主張する段階ではないと考えています）。

　以上のような観点から、明仁上皇や徳仁天皇に何かを期待するという姿勢は、さすが『水戸黄門』が好きな国民性の反映ともいえます。安倍政権が嫌なら、天皇という権威にすがって何かを期待するのではなく、主権者である私たち自身の主体性が求められています。まず日本社会においてもっと自由に天皇制について議論していかなければいけません。

> **コラム 徳仁天皇発言**
>
> 天皇の「即位後朝見の儀」で、明仁天皇は「皆さんとともに日本国憲法を守り」と述べたのに対して、徳仁天皇は「憲法にのっとり」と述べました。「守り」と比べて「のっとり」は意味が弱いですし、単に「憲法」としているだけだと日本国憲法に限定されません（改憲後の憲法も含まれます）。憲法尊重擁護義務規定からすれば当然とはいえ、明仁天皇は「護憲（日本国憲法の擁護）」を強く打ち出したのに対して、徳仁天皇は曖昧といえます。

第4章　改憲論にどう対抗すべきか

Q45 日本国憲法の平和主義は世界でどのように位置づけられるのですか？

A. 戦争違法化の最先端を行く憲法といえます

　では、この間の安倍政権による集団的自衛権行使容認などを内容とする戦争法制定や憲法9条改憲の動きに対する対抗の理論は何でしょうか。あらためて、憲法の平和主義を歴史的に位置づけ、憲法から考えてみましょう。

　20世紀は2度の世界戦争とその後も朝鮮戦争やベトナム戦争など絶えない地域戦争から「戦争の世紀」と呼ばれましたが、一方で「戦争違法化の世紀」でもあり、憲法の平和主義はこの流れに位置づけることができます。

　かつては「神の意思」に基づく戦争を正当化する「正戦論」や、欧米諸国による植民地争奪戦の中で全ての国は対等なのだからどんな戦争でも自由にできるという「無差別戦争観」があり、科学技術の発達は戦争の規模と被害を飛躍的に拡大しました。そこで、初の世界戦争である第1次世界大戦のあまりに悲惨な経験から、世界は無差別戦争観を否定し、侵略戦争の制限を試み（1919年の国際連盟規約）、さらに、侵略戦争の放棄を宣言します（1928年の戦争抛棄ニ関スル条約＝不戦条約）。

　しかし、これらの試みも「自衛戦争」を制限していなかったため、第2次世界大

[戦争違法化の歴史]

	1914-18年 第1次世界大戦		1939-45年 第2次世界大戦		1945年 広島・長崎への原爆投下
正戦論・無差別戦争観	侵略戦争の制限 [1919年 国際連盟規約]	侵略戦争の放棄 [1928年 不戦条約]	「自衛戦争」の制限 [1945年 国連憲章]	「自衛戦争」の放棄 [1945年 日本国憲法]	

戦の勃発により失敗しました。そこで、今度は1945年の国連憲章によって「自衛戦争」の制限を行います（厳密には不戦条約以降、戦争自体が違法化され、自衛権行使を限定的に認めただけなので、ここでは「自衛戦争」とかっこをつけておきます）。

とするならば、「自衛戦争」の制限のさらに先にあるのは「自衛戦争」の放棄です。**憲法9条1項は「自衛戦争」をも放棄したと考えれば、憲法は戦争違法化の歴史をさらに押し進めたと捉えることができ、戦争違法化の最先端に位置づけられる**のです（Q05で触れたB説＝全面放棄説の立場）。

また、第2次世界大戦後は戦争の方法も規制するようになりました。1949年のジュネーブ諸条約は、戦時における文民・捕虜の保護というルールを作ります。さらに、1972年の生物兵器禁止条約や1993年の化学兵器禁止条約、1997年の**地雷禁止条約**＊、2008年の**クラスター爆弾禁止条約**＊によって、残忍な兵器規制を行う段階にまできており、最近では2017年に核兵器禁止条約が国連で採択され（ただし未発効）、通常兵器規制の議論も国際社会で行われています。

とするならば、短期間では無理としても、長い期間であれば必ずしも不可能といえないことは、軍隊そのものの保持規制です。**憲法9条2項は軍隊の保持を認めない憲法と解釈すれば、多数派憲法よりは一歩先を行く憲法**といえます。

ということは、今、問われているのは、**日本も軍隊の保有と事実上の「戦争」が憲法上認められている「普通の国」になるのか、憲法上は戦争の違法化のトップクラスに位置づけられているのですから実際にもそれを実現し、27か国目の「軍隊のない国家」**＊になるのかということです。自民党の9条改憲も立憲的改憲も不要です。

＊地雷禁止条約とクラスター爆弾禁止条約

地雷は非戦闘員である一般市民に対し無差別な被害を与え、戦争後も復興と開発にとって大きな障害となり、人道上極めて重大な被害を引き起こすものです。クラスター爆弾は大きな容器の中に時に何百という子爆弾が入った爆弾で、この子爆弾が広範囲に散らばって落ちるため地雷と同様の被害を引き起こすものです。そこで、両者を禁止する条約がそれぞれ制定されました。

＊軍隊のない国家

前田朗東京造形大学教授の調べによれば、以下の26か国です。アンドラ、クック諸島、コスタリカ、ドミニカ、グレナダ、アイスランド、キリバス、リヒテンシュタイン、マーシャル諸島、モーリシャス、ミクロネシア、モナコ、ナウル、ニウエ、パラオ、パナマ、サモア、サンマリノ、ソロモン諸島、セントキッツ・ネービス、セントルシア、セントヴィンセント・グレナディス、トゥバル、ヴァヌアツ、ヴァチカン、ルクセンブルグ。

第4章 改憲論にどう対抗すべきか

Q46 日本国憲法をどのように考えたらいいのですか？

A. 不十分な点はありますが、先進的な憲法としてまずは理念の実現が先です

　憲法をどのように考えるのか、どのように論じるのか。これは、主権者国民一人ひとりが実行すべきことですが、一憲法研究者として私の考えも述べておきましょう。Q45で「自民党の9条改憲も立憲的改憲も不要です」と書いたとおり、私は戦争違法化の最先端を行く日本国憲法の平和主義を変える必要はないという立場です。

　一方で、Q42で「憲法は不磨の大典ではありませんから、時間の経過による社会状況や国民の意識の変化によって改正の必要性も出てきます。私自身も、将来的には民主主義・法の下の平等・国民主権と相容れない天皇制は廃止すべく、改憲した方がいいと考えています」と書いたとおり、私は「護憲派」ではありません。もちろん、自民党的な改憲を目指しているわけではありませんが、「改憲派」です。1章は削除して（1条の国民主権規定をどこかに残す必要はありますが）、日本は共和制国家になるべきだと考えています。

　形式的には日本国憲法は明治憲法73条の憲法改正手続に従って改正されているので、前文の前には、「朕は、……帝国議会の議決を経た帝国憲法の改正を裁可し、ここにこれを公布せしめる」という上諭*（天皇による法令の公布文）が付いています。ここでいう「朕」は天皇の一人称のことで、上諭の最後には御名御璽（日本国憲法の場合は昭和天皇裕仁の署名と、「天皇御璽」の印文を有する天皇の印章）も付いています。共和制を志向する者としては、天皇が憲法

＊日本国憲法の上諭
前文の前に、以下のような上諭が付いています。
「朕は、日本国民の総意に基いて、新日本建設の礎が、定まるに至つたことを、深くよろこび、枢密顧問の諮詢及び帝国憲法第73条による帝国議会の議決を経た帝国憲法の改正を裁可し、ここにこれを公布せしめる。
御名御璽
昭和21年11月3日」

改正を許可・公布したという形式自体問題と考えますので、この上諭の部分もなくしたいものです。端的に日本国憲法を評価すれば、日本国憲法は天皇制という封建制の遺物を残した資本主義憲法*といえます。

　他にも、問題のあるところとしては、「国民」という文言。GHQ案の"people"を日本政府が「国民」と訳したわけですが、これだと日本に住んでいる外国人は除外されているように見えます。24条1項の「婚姻は、両性の合意のみに基いて成立し」という表現からすれば、同性による結婚ができないようにも見えます。もちろん、両者とも解釈で対応しており、在住外国人にも憲法の大部分の人権規定が適用されますし、24条の規定があっても法律で同性婚は可能と考えられています。ただ、26条2項では現代では別の表現をした方がいいと考えられている「子女」という用語を使っています。憲法改正の機会があるなら、以上のような余計な解釈をしなくてすむように変えたり、文言を変える必要があるでしょう。

　しかし、現状ではこのような改憲を主張したところで、自民党のような改憲派に利用されるだけです。天皇主権・人権の制限・戦争肯定が特徴的であった明治憲法と異なり、日本国憲法は国民主権・基本的人権の尊重・平和主義を3大基本原理とし、画期的な内容があります。細かいところで不十分な点が日本国憲法にあるし、常に憲法の議論はすべきですが、今必要なのは憲法を改悪させないことであり、まずはこれら理念の実現が先です。

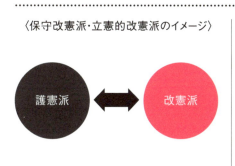
〈保守改憲派・立憲的改憲派のイメージ〉

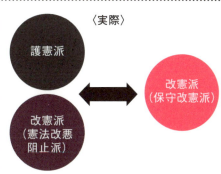
〈実際〉

＊資本主義憲法としての日本国憲法

憲法29条1項は「財産権は、これを侵してはならない」と、私有財産制を保障し、「ソビエト社会主義共和国連邦は、……社会主義的全人民国家である」（ソビエト社会主義共和国連邦憲法1条）や、「中華人民共和国は、……社会主義国家である」（中華人民共和国憲法1条）のような規定がないので、資本主義憲法といえます。ただ、29条2項で財産権の内容を絶対無制約にはしていません。

第4章 改憲論にどう対抗すべきか

Q47 立憲野党は自民党政権の対抗勢力になれるのでしょうか？

A. 労組と市民の共闘を土台に結集すれば十分対抗できます

では、自民党が目ざす改憲を拒むためにどうすればいいのでしょうか。これにはもちろん、日本国憲法の理念の実現を目指す政権が誕生することです。野党に頑張ってもらわないといけません。もちろん、野党といっても野党ならどの党でもいいわけではありません。現在国会に議席を有する主な野党でいえば、日本維新の会や希望の党は自民党と同じく改憲勢力といえます。一方で、立憲民主党、国民民主党、日本共産党、社会民主党、れいわ新選組などは護憲または憲法改悪阻止勢力といえます（最近よく使われる表現から、旧民主党・民進党を含めてこれら野党を改憲派の野党と区別するために、以下、「立憲野党」と表現します）。

しかし、立憲野党の議席数が少なければ政権を取ることはできません。各党がばらばらに活動していてはダメです。そういった意味で、近年、立憲野党の共闘に影響を与えているのがQ19で触れた「戦争をさせない1000人委員会」と、「解釈で憲法9条を壊すな！実行委員会」「戦争する国づくりストップ！憲法を守り・いかす共同センター」によって2014年12月に結成された「戦争させない・9条壊すな！総がかり行動実行委員会」です。

ここでこの団体についてより詳しく見ていきましょう。「戦争をさせない1000人委員会」はQ19に書いたとおり、旧総評・社会党系の平和フォーラムが中心になって2014年3月に結成された組織、「解釈で憲法9条を壊すな！実行委員会」は毎年5月3日に東京の日比谷公会堂で憲法集会を開催してきた市民団体が中心になって2014年4月に結成された組織、「戦争する国づくりストップ！憲法を守り・いかす共同センター」は全労連・日本共産党などから成る同様の組織が2014年5月に改組された組織です。

平和フォーラムは、2013年4月に設立された「立憲フォーラム」（旧民主党系

リベラル派、社民党、無所属の国会議員らで構成）や、2014年6月に設立された「自治体議員立憲ネットワーク」（旧民主党、市民政治ネットワーク、緑の党、社民党、新社会党、無所属の自治体議員で構成）と連携しており、これに共産党・社民党と連携して集会を開催してきた市民団体から成る9条壊すな実行委員会と、憲法共同センターが一緒に行動するということは、旧民主党リベラル派から共産党までが連携することも意味します。

実際に、これまで「中央」（東京）の5月3日憲法集会は日比谷公会堂の集会と平和フォーラムの独自集会とで分裂していましたが、2015年から統一集会が実現しました。その結果、この集会に共産党と社民党だけでなく、民主党の国会議員も参加します。やはり、1980年代の労働運動再編の中で連合と全労連が分裂し、労働組合による平和運動も分裂した中で、**連合所属労組も全労連所属労組も共に平和運動を展開するようになった点は画期的です**。2015年12月には「安保法制の廃止と立憲主義の回復を求める市民連合」も結成され、総がかり行動実行委員会が運動の土台になったことで立憲野党を結びつけ、**2016年の参議院選挙では32あるすべての一人区で立憲野党による統一候補が実現しました。**

その後、「『総がかり行動』を超える『総がかり運動』を」という掛け声の下、2017年8月に「安倍9条改憲NO！全国市民アクション」が結成されます。これには、九条の会が組織として初参加しました。このような取組があったからこそ、**2017年の衆議院選挙でも立憲野党による共闘が実現したのです。個別の立憲野党だけでは自民党政権の対抗勢力として不十分ですが、労組と市民の共闘を土台に結集すれば十分対抗できるのです。**

コラム 労働運動の再編と分裂

戦後の労働運動を牽引してきたのは、1950年結成の日本労働組合総評議会（総評）で、総評は日本社会党を支持して活動してきました。総評の中心労組として存在したのが全日本自治団体労働組合（自治労）と日本教職員組合（日教組）です。この総評に対抗して存在したのが、民社党を支持する右派的な全日本労働総同盟（同盟）でした。これが1987年に、総評と同盟が他の中間派労組と共に日本労働組合総連合会（連合）を結成するのです。しかし、これに反発して、1989年に全国労働組合総連合（全労連）が結成され、労働運動は分裂しました。他に、1989年に総評左派系の全国労働組合連絡協議会（全労協）も結成されます。一般的に、連合は民主党系、全労連は共産党系といわれてきました。総がかり行動実行委員会は連合所属労組も全労連所属労組も共に活動する点が歴史的に画期的なのです。

第4章　改憲論にどう対抗すべきか

Q48 今後、市民はどうすればいいのでしょうか？

A.「労組と市民と野党の共闘」に参加していくことです

　では、自民党が目指す改憲を拒み、日本国憲法の理念の実現を目指していくために、今後、市民はどうすればいいのでしょうか。それにはまず学習活動です。本を読む、人と議論をする、学習会を開催するなど、色々な方法があります。

　さらに、志を同じくする団体の取組に関わることです。日本は欧米と比べて、まだまだ労働運動や市民運動が活発な国とはいえません。そんな中、Q47で触れた、「戦争させない・9条壊すな！総がかり行動実行委員会」「安保法制の廃止と立憲主義の回復を求める市民連合」「安倍9条改憲NO！全国市民アクション」が次々と誕生しました。これら団体は、労組だけの組織ではありませんし、特定の一政党の影響を強く受けた組織でもありません。憲法の平和主義と立憲主義の実現を目指す労組と市民との超党派の組織です。

　総がかり行動実行委員会の意義についてはQ47で触れたとおりですが、3団体がバラバラに行動していたら、組織されていない市民や労働者はどの行動に参加すればいいのか迷ってしまいます。しかし、3団体が統一したことで、組織されていない市民や労働者が統一行動に参加しやすくなりました。その結果、戦争法案に反対する総がかり行動実行委員会の2015年8月30日の国会包囲行動には、約12万人もの参加者があったのです。

　このように盛り上がった総がかり行動ですが、戦争法の廃止はできませんでしたし、安倍政権は倒れませんでした。この状況について、総がかり行動実行委員会は保守層や非正規労働者、地方への運動の拡大が不十分であったと戦争法成立後に総括しています。特に、地方の運動を見ると、「中央」は統一行動に踏み切りましたが、例えば、連合系労組と全労連系労組との間で対立が残っているところでは、まだ統一行動が十分にはできていないところもあります。その結果、

各都道府県の平和フォーラムや憲法共同センターが核にならないと開催が困難な都道府県単位の5月の憲法集会などについて、両組織間の対立が残っている都道府県では、いまだに分裂したままなのです。こういう地方では、時に労組と労組の間に市民が入り、統一行動を作っていくことが必要でしょう。

今後の課題は、まずは地方でもくまなく総がかり行動実行委員会や市民アクションを作っていき、立憲野党と共闘していくことです。この際に強調しておきたいのは、この間の運動を一般的に「市民と野党の共闘」といわれることが多いのですが、Q47で見たとおり、正確には「労組と市民と野党の共闘」です。自民党の強さは、権力を握るために大同団結できることです。よくいえば、懐が深いともいえます。これに対して、左翼・リベラルは対立・分裂を繰り返してきました。労組や政党と違って、市民の方がこれまでの経緯にとらわれない人が多いのですから、共闘に向けて時に接着剤としての役割が必要です。

さらに、自民党が目ざす改憲を拒み、日本国憲法の理念の実現を目指していくためには、政権交代が必要です。参議院選挙で立憲野党が勝てば、時の政権を退陣に追い込むことも可能です。衆議院選挙で立憲野党が勝てば、政権交代が実現します。2017年の衆議院選挙の比例での得票率は、自民党の33.28％に対して、4野党の合計は46.83％でした（立憲民主党19.88％、希望の党17.36％、共産党7.90％、社民党1.69％）。本気の「労組と市民と野党の共闘」ができれば、自公政権に勝てるのです。まずは学習し、次に実践する。市民が希望を持って主体的に取り組めば、新たな社会を作ることができるでしょう。

コラム　韓国の市民たちの運動と憲法

2015年8月30日の参加者約12万人というのは、日本の集会ではかなり多い方です。しかし、欧米ではもっと集まります。お隣の韓国でも、2016年から2017年にかけて、朴槿恵大統領の退陣を求める集会に主催者発表で何度か100万人（警察発表でも20万人）を超える市民が集まりました。韓国の人口は日本の半分以下（約5100万人）なのに。この韓国がすごいのは、1987年制定の大韓民国憲法前文に、「悠久なる歴史と伝統に輝く我が大韓国民は、三・一運動に基づいて建立された大韓民国臨時政府の法統と、不義に抗拒した四・一九民主理念を継承し……」と書いていることです。この「三・一運動」とは、1919年3月1日に日本からの独立を求めて発生した運動、「四・一九」とは、1960年4月19日に李承晩大統領の退陣を求めて発生した学生らのデモのことです。このようなかつての学生・市民の闘いの歴史が憲法前文に書き込まれ、今でも運動が続く韓国を見習いたいですね。

あとがき

　「やっと」本書を出すことができました。この「やっと」には2つの意味があります。

　まず1つ目の「やっと」は、本書の企画は実は2015年の戦争法制定の動きをにらんでスタートしたのに、出版まで大変時間がかかったという意味です。それは、戦争法など安倍政権の政治に憲法研究者として向き合う中で、本業の研究と教育以外に、原稿執筆（この間、数々の雑誌・機関誌・書籍などの依頼原稿を書いてきました）、憲法運動（事務局長代行を務める戦争をさせない1000人委員会が誕生したのが2014年3月、九条の会世話人に就任するのが2016年9月、私も関わる改憲問題対策法律家6団体連絡会が結成されるのが2014年8月で、これら団体による様々な取組に関わってきました）、講演活動（第2次安倍政権誕生後の2013年以降毎年年間40～60回の講演をするようになりました）などで本当に忙しく、執筆が進まなかったからです。しかも、過労・ストレスからくると思われるじんましんにもずっと悩まされ、治療を続けていました。それが、このじんましんも2018年には治り、2019年に入って憲法運動は相変わらずですが、講演回数が減り、本書の執筆時間を確保できるようになったのです。

　次に2つ目の「やっと」は、本書で単著がまだ3冊目だという意味です。研究者であれば研究の成果を一冊の単著という形で世に何冊も送り出したいものです。本書は一般向けの本ですが、このＱ＆Ａ方式が時間を費やしてしまうことになってしまいました。講演録ならわりと短期間で出せるでしょうし、項目ごとの字数が決まっていない一般的な執筆スタイルなら、もっと早くに出せたでしょう。しかし、見開き2頁のＱ＆Ａだと、きっちりと項目ごとの字数が決まってくるので、この調整に大変時間がかかりました（しかも、今回は注やコラムなども入れたため、頁ごとの字数調整がより煩雑になりました）。もっとも、このＱ＆Ａ方式で書くことを決めたのは私なのですが。

　こんな感じで遅れに遅れた本書原稿執筆ですが、『憲法を変えて「戦争のボ

タン」を押しますか?』(単著、高文研、2013年)、『秘密保護法は何をねらうか』(共著、高文研、2013年)に続いて、今回で私との仕事が3度目になる高文研編集部の真鍋かおるさんには辛抱強くつきあっていただきました。一般向けのQ&A方式の本ということで、今回は真鍋さんと相談しながらイラストや写真も入れています。この場を借りて、真鍋さんとデザイナーの中村くみ子さんにお礼を申し上げます。

　このように本当に「難産」だった本書なので、一人でも多くの方に読んでいただきたいものです。実際に読んでみて、いかがでしたでしょうか。憲法論などまだ内容は難しいかもしれませんが、なるべくやさしく書いたつもりです。一方で、一般向けの本といっても、専門的な内容もできるだけ盛り込みました。また、これは私の性格からくるものですが、「立憲的改憲論」のように批判すべきものは遠慮せずに批判し、「労組と市民と野党の共闘」論のように多少デリケートな政治問題でも積極的に持論を展開しています。これらの私の主張の中には、労組や市民運動の中で必ずしも十分には議論されていないこともあると思いますので、多少の参考になるのではないでしょうか。

　この共闘論に関連していえば、私たちは少数派・批判勢力の位置に満足せず、多数派を目指しましょうよ。批判勢力に存在意義はありますが、自分たちの政策を確実に実行していくには、社会と国会で多数派にならないと難しいです。もちろん、立憲野党政権ができたからといって、私たちが憲法運動や政治活動をやめるということにはならないでしょうが、安倍政権に対する様々な取組をしている今よりは楽になるでしょう。私自身、自分の自由な時間を増やすために、憲法研究者として、市民として憲法運動に取り組んできました。そんな思いを同じくする方に、本書が少しでもお役に立つことができればと思います。

　2019年9月　戦争法制定から4年目の9月19日を前にして　　　　清水雅彦

清水雅彦（しみず・まさひこ）
1966年兵庫県生まれ。明治大学大学院法学研究科博士後期課程、明治大学等非常勤講師、札幌学院大学法学部教授などを経て、現在、日本体育大学スポーツマネジメント学部教授。専門は憲法学。研究テーマは平和主義、監視社会論。戦争をさせない1000人委員会事務局長代行、九条の会世話人。
著書：『治安政策としての「安全・安心まちづくり」』（単著、社会評論社、2007年）、『クローズアップ憲法』（共著、法律文化社、2008年）、『平和と憲法の現在』（共編著、西田書店、2009年）、『市民的自由とメディアの現在』（共著、法政大学出版局、2010年）、『平和への権利を世界に』（共著、かもがわ出版、2011年）、『アイヌモシリと平和』（共著、法律文化社、2012年）、『憲法を変えて「戦争のボタン」を押しますか？』（単著、高文研、2013年）、『秘密保護法は何をねらうか』（共著、高文研、2013年）、『すぐにわかる　集団的自衛権ってなに？』（共著、七つ森書館、2014年）、『秘密保護法から「戦争する国」へ』（共編著、旬報社、2014年）、『マイナンバー制度』（共著、自治体研究社、2015年）、『すぐにわかる　戦争法＝安保法制ってなに？』（共著、七つ森書館、2015年）、『日米安保と戦争法に代わる選択肢』（共著、大月書店、2016年）、『緊急事態条項で暮らし・社会はどうなるか』（共著、現代人文社、2017年）、『安倍改憲をあばく』（共著、東方出版、2019年）など。

9条改憲　48の論点

2019年10月10日　―――――― 第1刷発行

著　者：清水雅彦
発行所：株式会社　高文研
　　　　〒101-0064
　　　　東京都千代田区神田猿楽町2-1-8
　　　　TEL 03-3295-3415
　　　　振替 00160-6-18956
　　　　http://www.koubunken.co.jp
印刷・製本：モリモト印刷株式会社

乱丁・落丁本は送料当社負担でお取り替えします。
ISBN 4-87498-704-9　C0031

◇歴史の真実を探り、日本近代史像をとらえ直す◇

日本人の明治観をただす
中塚 明著　2,200円
朝鮮の支配をめぐって清国・ロシアと戦った日清・日露戦争における、日本軍の不法行為と、戦史改ざんの事実を明らかにする!

東学農民戦争と日本
中塚明・井上勝生・朴孟洙著　1,400円
●もう一つの日清戦争
朝鮮半島で行われた日本軍最初の虐殺作戦の歴史事実を、新史料を元に明らかにする。

司馬遼太郎の歴史観
中塚 明著　1,700円
●その「朝鮮観」と「明治栄光論」を問う
司馬の代表作『坂の上の雲』を通して、日本人の「朝鮮観」を問い直す。

オンデマンド版 歴史の偽造をただす
中塚 明著　3,000円
朝鮮王宮を占領した日本軍の作戦行動を記録した第一級資料の発掘。

これだけは知っておきたい 日本と韓国・朝鮮の歴史
中塚 明著　1,300円
日朝関係史の第一人者が古代から現代まで基本事項を選んで書き下ろした新しい通史。

歴史家 山辺健太郎と現代
中塚 明編著　2,200円
日本の朝鮮侵略史研究を切り拓いた歴史家・山辺健太郎の人と思想。

日本は過去とどう向き合ってきたか
山田 朗著　1,700円
日本の極右政治家が批判する〈河野・村山・宮沢〉歴史三談話と靖国問題を考える。

これだけは知っておきたい 日露戦争の真実
山田 朗著　1,400円
軍事史研究の第一人者が日本軍の〈戦略〉〈戦術〉を徹底検証。新たな視点が示す!

朝鮮王妃殺害と日本人
金 文子著　2,800円
誰が仕組んで、誰が実行したのか。10年を費やし資料を集め、いま解き明かす真実。

日露戦争と大韓帝国
金 文子著　4,800円
●日露開戦の「定説」をくつがえす
近年公開された史料を駆使し、韓国からの視線で日露開戦の暗部を照射した労作。

日本人はなぜ「お上」に弱いのか
安川寿之輔著　2,200円
国家・組織を優先する同調圧力社会「忖度ジャパン」はいかに生み出されてきたか。

福沢諭吉と丸山眞男
安川寿之輔著　3,700円
福沢を典型的な市民的自由主義者としてイメージを定着させた丸山眞男の〝製造者責任〟

福沢諭吉のアジア認識
安川寿之輔著　2,200円
朝鮮・中国に対する侮辱的・侵略的発言を繰り返した民主主義者・福沢の真の姿。

増補改訂版 福沢諭吉の戦争論と天皇制論
安川寿之輔著　3,000円
啓蒙思想家・民主主義者として名高い福沢は忠君愛国を説いていた!?

福沢諭吉の教育論と女性論
安川寿之輔著　2,500円
「民主主義者」「女性解放論者」の虚像を福沢自身の教育論・女性論をもとに覆す。

※表示価格は本体価格です(このほかに別途、消費税が加算されます)。

◇安保・防衛問題を考える◇

機密解禁文書にみる 日米同盟
アメリカ国立公文書館からの報告
末浪靖司著 2,000円
米国大使の公電が明らかにする日米安保・地位協定秘密交渉など、恐るべき内幕を明かす。

対米従属の正体
末浪靖司著 2,200円
米国立公文書館に通うこと7年、日米政府の密約の数々を突き止めた労作!

集団的自衛権のトリックと安倍改憲
9条「解釈改憲」から密約まで
半田滋著 1,200円
安倍改憲政権のトリックを徹底暴露、日本の国の形を変える策動を明らかにする!

日米不平等の源流
検証[地位協定]
琉球新報社地位協定取材班著 1,800円
機密文書から在日米軍の実態を検証、外務省の「対米従属」の源流を追及。

外務省機密文書 日米地位協定の考え方 [増補版]
琉球新報社編 3,000円
日本政府の対米姿勢をあますところなく伝える、「秘・無期限」の機密文書の全文。

戦争依存症国家アメリカと日本
吉田健正著 1,500円
いまや世界の軍事費の半分を占める軍事超大国の実態と戦略を明かす!

「従属」から「自立」へ 日米安保を変える
前田哲男著 1,300円
日本とアメリカ、長すぎた従属関係を断つための道筋を具体的に提言する!

「非戦の国」が崩れゆく
梅田正己著 1,800円
「軍事国家」へと一変したこの国の動きを、変質する自衛隊の状況と合わせ検証。

自衛隊という密室
●いじめと暴力、腐敗の現場から
三宅勝久著 1,600円
自殺・暴力・汚職……巨大実力組織・自衛隊の陰の部分に迫った渾身のルポ。

北の反戦地主
川瀬氾二の生涯
布施祐仁著 1,600円
北海道のど真ん中に、憲法をタテに住んで反戦・平和を訴えた一農民の闘いを伝える。

日本の国際協力に武力はどこまで必要か
伊勢﨑賢治編著 1,600円
戦闘機60機やってくる! 揺れる基地の町の実態を洗いざらい報告する。

岩国に吹いた風
井原勝介著 1,800円
自衛隊変貌の動きと自民党の改憲案、米軍再編の構造的関連を解き明かす。

変貌する自衛隊と日米同盟
梅田正己著 1,700円

「北朝鮮の脅威」と集団的自衛権
梅田正己著 1,300円
政治的な「北朝鮮の脅威」と、「集団的自衛権」の欺瞞性を明快に解明する。

日本外交と外務省
●問われなかった"聖域"
河辺一郎著 1,800円
日本の外交と外務省のあり方に、気鋭の研究者が真正面から切り込んだ問題作!

※表示価格は本体価格です(このほかに別途、消費税が加算されます)。

◇平和憲法を読む◇

劇画 日本国憲法の誕生
古関彰一 勝又進著　1,500円
日本国憲法誕生のドラマを、漫画家と憲法研究者が組んでダイナミックに描く!

【資料と解説】世界の中の憲法第九条
歴史教育者協議会編著　1,800円
戦争違法化・軍備制限を目指す宣言・条約・憲法を集約した、使える資料集。

日本国憲法 平和的共存権への道
星野安三郎・古関彰一著　2,000円
「平和的共存権」の提唱者が、世界史の文脈の中で、平和憲法への核心を説く。

憲法を変えて「戦争のボタン」を押しますか?
清水雅彦著　1,200円
新憲法の公布・制定当時の全国各地の動きと人々の意識を明らかにする。国民主権を破壊する自民党改憲案の危険性を批判。現行憲法との条文対照表付き。

日本国憲法を国民はどう迎えたか
歴史教育者協議会編　2,500円

憲法ドリル
中村くみ子編著
●現代語訳・日本国憲法　1,200円
難しいと思っていた憲法も、ざっくり読んでゆるりと学び、楽々わかって目からウロコ!

秘密保護法は何をねらうか
清水雅彦・臺宏士・半田滋著　1,200円
民主主義を破壊する稀代の悪法が成立した背景と問題点を具体的に批判・検証する。

国家秘密法は何を狙うか
奥平康弘/序　茶本繁正/前田哲男他著　780円
世論の力で廃案となった国家秘密法案の狙い、スパイ天国論の虚構を打ち砕く。

有事法制か平和憲法か
梅田正己著　800円
有事法制を市民の目線で分析・解説、平和憲法との対置でその本質を解き明かす。

9条で政治を変える 平和基本法
フォーラム平和・人権・環境編　1,000円
今こそ、9条を現実化し、政策化すべき時だ。護憲運動の新たな展開を構想する。

無防備平和
谷百合子編　1,600円
9条を守れ!から一歩前に進む。無防備地域宣言運動の可能性をさぐる。

米軍基地の現場から
沖縄タイムス社、神奈川新聞社、長崎新聞社=合同企画「安保改定50年」取材班著　1,700円
米軍基地を抱える地方3紙が連携し基地と安保の現実を伝える新たな試み。

この海・山・空はだれのもの!?
琉球新報社編著　1,700円
米軍が駐留するということ。在日米軍とドイツ、イタリアの駐留米軍。何故こんなに違う?「駐留の実像」を追う。

沖縄 vs. 安倍政権
宮里政玄著　1,500円
沖縄への自衛隊配備を積極的に進め、米軍基地の共用、その取得を狙う安倍政権に、沖縄は積極的な抵抗を継続しなければならない。

沖縄・憲法の及ばぬ島で
川端俊一著　1,600円
戦後の沖縄を新聞記者はどう伝えてきたのか。朝日新聞紙上で連載された「新聞と9条―沖縄から」を基にして、加筆・再構成して刊行。

※表示価格は本体価格です(このほかに別途、消費税が加算されます)。